맹인에 대한 편지

맹인에 대한 편지

Lettre sur les aveugles

드니 디드로 | 이충훈 옮김

도서출판 b

| 일러두기 |

1. 이 책은 드니 디드로의 『눈이 보이는 사람들을 위한 맹인에 대한 편지』를 완역한 것이다. 번역의 주 대본으로는 Diderot, *Lettre sur les aveugles, dans Œuvres complètes*, éd. H. Dieckemann, J. Proust, J. Varloot, t. IV, Paris, Hermann, 1978을 이용했고, Diderot, *Œuvres philosophiques*, éd. Michel Delon, Bibliothèque de la Pléiade, Paris, Gallimard, 2010과, Diderot, *Lettre sur les aveugles et Lettre sur les sourds et muets*, éd. Marian Hobson et Simon Harvey, GF Flammarion, 2000을 함께 보았다.

2. 위의 세 판본에서 필요한 주석을 번역했는데 DPV 판에서 가져온 것은 로버트 니클라우스[Robert Niklaus]의 것으로 괄호 안에 N을 넣어 표기했고, 들롱 판에서 가져온 것은 괄호 안에 D를, GF Flammarion 판에서 가져온 것은 괄호 안에 GF를 넣어 구분했다. 아무런 표기가 없는 주석은 역자의 것이다.

| 차 례 |

눈이 보이는 사람들을 위한 맹인에 대한 편지

[그들은] 할 수 없다고 믿었지만 할 수 있었다.
Possunt, nec posse videntur.[1]

— 베르길리우스

부인[2], 저는 최근에 레오뮈르[3]씨의 주선으로 백내장 제거

. .
1. 베르길리우스의 『아이네이스』 5권 231행. 베르길리우스의 원문은 "그들은 할 수 있다고 믿었으므로 할 수 있었다(possunt, quia posso videntur)"로 디드로는 quia대신 nec을 써서 내용을 완전히 반대로 만들었다. 베르길리우스의 이 대목은 디도의 해전(海戰)을 묘사하는 부분인데 디도는 사람들의 응원에 부응하여 승리를 거둔다. 그러나 디드로는 인용문을 눈이 보이는 사람들보다 눈이 보이지 않는 사람이 더 잘 볼 수 있다는 의미로 변형했다. (D)
2. 이 편지의 수신자가 누구인지에 대해서는 여러 가설이 분분하다. 디드로가 상상의 대화 상대자에게 보내는 편지라는 것이 가능하다면 서한체 장르는 그에게 욕망과 욕구불만의 주제를 연극화하는 방법을 제공한다. 아울러 디드로가 실제 인물에게 글을 쓰고 있음을 배제할 수 없다. 디크만(Herbert Dieckmann)은 편지의 수신자로 퓌지외 부인(Madame de Puisieux)을 들고, 폴 베르니에는 수학자 프레몽발 부인(Madame de Prémontval)의 이름을 거론한다. 디드로가 자신의 대화 상대자의 제한된 수학적 지식을 환기하는 대목에 근거해서 알리스 라보르드(Alice Laborde)는 이 텍스트가 프레몽발 부인에게 보내는 것이 아니라고 추정한다. 그녀는 진정한 수학자였으므로 디드로의

7

수술[4]을 받은 선천적 맹인 처녀가 부인께서 알고 싶어 하셨던

• •

표현들은 그녀에게 모욕이 될 수 있다. 반면 퓌지외 부인은 전문가는 아니지만 수학에 관심이 많았다. (D)

3. 뛰어난 곤충학자였던 르네-앙투완 페르쇼 드 레오뮈르(René-Antoine Ferch-ault de Réaumur, 1683~1757)는 이미 『맹인에 대한 편지』가 나오기 전인 1741년부터 뷔퐁과 사이가 틀어져 있었다. 레오뮈르는 유심론자이자 배아조립설의 지지자로 유물론자들과 자연발생설을 주장하는 저자들과 대립했다. 반면, 뷔퐁은 자신의 『자연사』 3권의 한 각주에서 디드로의 『맹인에 대한 편지』를 언급하며 이 책에 담긴 "대단히 섬세하고 대단히 진실한 형이상학"을 높이 평가한다.

뷔퐁과 레오뮈르의 과학에 대한 견해는 완전히 다르다. 레오뮈르는 유기체의 기원을 아는 일은 인간의 지적 능력을 넘어서는 일이라고 생각한다. 그는 데카르트주의자들의 기계론적 과학에 반발하며, 과학자는 관찰을 통해 지식의 작은 섬들을 건설할 뿐, 나머지는 신에게 맡겨버려야 한다고 본다. 자연 세계의 구조는 경이를 통해 신 존재와 섭리를 향한 길의 선함을 입증한다. 그러므로 괴물들은 자연의 일상적인 경로에 결코 통합될 수 없다. 이런 레오뮈르의 사상은 플뤼쉬 신부가 집필하여 큰 성공을 거둔 『자연의 스펙터클』에서 대중화되어 나타나 있다.

레오뮈르가 프러시아 안과 의사 힐머(Hilmer)를 파리로 불렀을 수도 있다. 힐머가 수술을 집도한 맹인의 붕대를 제거하는 일이 『맹인에 대한 편지』가 제시하는 첫 번째 문제이다. 피에르 클레망은 『5년의 문학 혹은 문학 소식 Les Cinq années littéraires ou Nouvelles littéraires』(1754)에서 레오뮈르가 "첫 붕대 제거 시 극히 적은 사람들만 들이는 것이 적절하다고 판단하면서 관찰의 영예를 온전히 갖고자 했다. 이 철학적인 장면에서 배제된 디드로 씨는 그 장면이 어떠할지 짐작하고자 하면서 『맹인에 대한 편지』라는 제목으로 자신의 가설을 제시했다"(t. I, p. 224)고 적었다. 디드로는 붕대 제거 시 더 많은 사람들을 들이지 않았던 레오뮈르를 시민정신이 결여되었다는 명목으로 비판한다. 어떤 의미에서 『맹인에 대한 편지』 전체가 레오뮈르 세계관의 반박이라고 할 수 있다. 레오뮈르와 디드로 사이의 논쟁은 1759년에 더욱 심각한 양상으로 발전한다. 레오뮈르는 과학아카데미의 총서 편찬을 맡았는데 여기에 들어가게 될 도판들 일부를 디드로가 『백과사전』에 실었다고 것을 알려드릴 수 없으리라고 확신했습니다. 하지만 저는 그것이 그 맹인 처녀의 잘못도, 부인의 잘못도 아니리라는 점을 미리부터 점쳐 보고 있었습니다. 고맙게도 그 맹인 처녀의 눈을 뜨게 해 준 은인인 레오뮈르 씨에게 제가 직접 나섰던 것은 물론 그분의 절친들을 통해 보기도 했고, 그분께 찬사의 글을 보내 간청도 해보았지만 소득이라고는 전혀 없었습니다. 그러니 붕대[5]를 처음 푸는 날에 부인께서는 자리하시지 못합니다. 명문가 출신 명사들 역시 철학자들과 마찬가지로 영광스럽게도 문전박대를 받았습니다. 한마디로 말해서 레오뮈르 씨는 믿을 수 없는 사람들 앞에서나 베일을

<hr />

그를 표절로 고발한다. (GF)

4. 백내장 수술은 수정체의 낭(囊)에서 수정체를 추출하고, 눈에서 앞의 방(室) 아랫부분에 이를 떨어뜨려 제거하는 것이다. '추출'하는 다른 방법도 있는데 이는 장 드 메리(Jean de Mery, 1645~1722)와 다비엘(Jacques Daviel, 1693~1762)이 성공시켰다. 디드로는 〈『맹인에 대한 편지』의 추가〉(본서 145쪽)에서 다비엘에게 찬사를 보내고 있다. 『맹인에 대한 편지』가 나오기 한 해 전에 다비엘은 『눈의 질환에 대한 편지들 Lettres sur la maladie des yeux』(Paris, 1748)을 출간했으며, 이후에도 『백내장 추출 수술의 장점에 대한 편지 Lettres sur les avantages de l'opération de la cataracte par extraction』(1756)를 출판했다. (N) 『백과사전』 2권에 해당 항목을 맡아 쓴 앙투안 루이(Antoine Louis, 1723~1792)는 백내장 수술이 구체적으로 어떻게 이루어지는지 상세히 소개하고 있다. 이 항목을 발췌해서 부록에 실었다.

5. 『퓌르티에르 사전』에서는 이 단어(appareil)를 "외과학 용어로 붕대를 감는 상처에 처음으로 약을 붙이는 것"으로 정의한다. 『아카데미 사전』에서는 "상처에 붙이는 고약이나 반창고"(1762)라고 한다.

벗길 생각이었던 겁니다. 부인께서는 저 학식 높은 아카데미 회원분께서 도대체 무슨 실험을 그리도 은밀하게 하는지 궁금하시겠지요. 부인께서는 개화된 증인들을 너무 많이 모실 수는 없는 실험인가보다 하시겠지요. 저는 굉장히 저명한 이라면 실험을 진행할 때의 관람자들보다 실험이 끝난 뒤의 청중들이 더 많이 필요하다고 대답하겠습니다.[6] 그래서 저는 처음 계획부터 다시 시작했습니다. 그런 실험이라고 해봐야 저나 부인이나 배울 것도 없겠지만 레오뮈르 씨는 분명 그 실험을 최대로 활용할 것입니다. 하지만 그런 실험이라도 참여할 수 없었으니 부인께서 알고자 목표하신 중요한 분야를 주제로 저는 제 친구들과 철학적 사유를 시작했습니다. 저희들이 나눈 대화 중 하나라도 레오뮈르 씨의 실험이 벌어지는 모습을 대신할 수 있다면 저로서는 기쁜 일입니다. 도대체 저는 부인께 얼마나 섣불리 약속을 드렸던 걸까요!

프러시아에서 온 안과 의사가 시모노[7]의 딸에게 백내장 제거 수술을 집도했던 바로 그날, 저희는 퓌조[8]에 사는 선천적

· ·

6. 디드로는 보는 사람들이 많으면 섬세한 수술에 방해가 되지만, 수술 결과는 성공 여부와 관련 없이 모두에게 공유되어야 한다고 말하면서 이와는 반대로 행동한 레오뮈르를 조롱하고 있다.
7. 필립 시모노(Philippe Simonneau, 1685~1753)는 판화가로 레오뮈르의 『곤충의 자연사』 도판을 그렸던 인물이다.
8. (저자의 주) 가티네(le Gâtinais)의 소도시.

맹인에게 의견을 물으러 갔습니다. 이 사내는 꽤 양식良識을 갖춘 자로 그를 아는 이들이 많습니다. 화학 공부를 좀 했고 왕립식물원[9]에서 열린 식물학 강의도 썩 괜찮게 따라갔습니다. 그의 아버지는 파리대학에서 철학을 가르쳤는데 호응이 대단했습니다. 재산도 상당해서 그것이면 시각을 제외한 다른 감각들을 넉넉히 만족시킬 수 있었습니다. 그런데 젊은 시절에 쾌락을 추구하는 취향에 빠졌고 이런 그의 성벽을 이용한 사람들 때문에 가정사가 곤란에 처했고, 그래서 지방 작은 도시로 은퇴한 뒤 거기서 매년 파리로 여행을 왔습니다. 자기가 증류한 술을 파리에 가져왔는데 다들 그 술을 굉장히 좋아했습니다. 부인, 이런 정황들은 철학적이지는 않지만 이를 근거로 삼으시면 제가 부인께 말씀드리는 인물이 허구의 인물이 아님을 더 정확히 판단하실 수 있겠습니다.

저희가 맹인의 집에 도착했을 때는 오후 다섯 시 경이었습니다. 저희가 왔을 때 그는 아들에게 점자로 책을 읽히는 데 열중하고 있더군요.[10] 그는 그때 기상한 지 한 시간도

• •
9. 현재 파리 식물원으로 뷔퐁은 1739년부터 이곳을 관리했다. 여기서 대중을 위한 식물학 강의가 열렸는데 이를 쥐시외가 담당했다. 여기서 디드로는 레오뮈르로 대표되는 기독교 자연사가들과 뷔퐁과 쥐시외로 대표되는 비기독교 자연사가들을 대립시키고 있다. 또한 이곳에서 화학자 기욤 프랑수아 루엘이 대중을 상대로 열었던 화학 강의가 큰 인기를 끌었다. 루소, 디드로, 콩도르세, 튀르고 등 당대 계몽주의자들이 루엘의 강의를 수강했다.

안 되었습니다. 그가 시작하는 하루는 우리가 하루를 마치는 시간임을 부인께서 아셔야겠습니다. 다른 사람들이 잠자리에 들 때 그는 가사를 돌보고 공부하는 습관을 들였습니다. 자정이면 그를 방해하는 것이 아무것도 없는 데다 그가 방해할 사람도 없습니다. 그는 우선 낮 동안 사람들이 어질렀던 것을 제자리에 놓는 일로 시작합니다. 그래서 맹인의 아내가 잠에서 깰 때면 보통 집이 정돈되어 있습니다. 맹인들은 물건들이 제자리에 놓이지 않으면 이를 찾는 데 어려움을 겪습니다. 이 때문에 맹인들은 질서의 친구가 되는 것입니다. 알고 보니 맹인들과 친하게 지내는 사람들도 이들의 모범을 따라서였는지 이들에게 인정을 품어서였는지 질서를 사랑하는 품성을 공유하더군요. 주변 사람들의 별것도 아닌 배려라도 못 받는다면 맹인들은 얼마나 불행할까요! 하지만 그런 배려를 받지 못할 때 우리라고 불행하지 않겠습니까! 큰 도움은 쓸 일이 거의 없는 묵직한 금화나 은화나 같지만

· ·

10. 젊은 맹인들 협회의 창시자였던 발랑탱 아위(Valentin Haüy, 1745~1822)는 1786년에 출판한 『맹인들의 교육에 대한 시론 *Essai sur l'éducation des aveugles*』(ch. 3, p. 17)에서 이 문제를 논의한다. 아위는 퓌조의 맹인이 "움직일 수 있고 입체적인 문자들을 이용"해서 배웠다고 언급하면서 같은 방법으로 아들을 가르쳤다고 주장한다. 그러나 디드로는 그의 아들 역시 맹인이었는지에 대해서는 언급하지 않고 있다. 이 책에서 아위가 중요한 까닭은 〈『맹인에 대한 편지』의 추가〉 부분에 등장하는 멜라니 드 살리냐크 양의 에피소드를 언급하고 있기 때문이다. (N)

작은 배려는 늘 들고 다니는 현금이라고 하겠습니다.

우리의 맹인은 대칭을 아주 잘 식별합니다. 우리 사이에서도 대칭은 아마 순전히 관습적인 문제일 테지만, 맹인과 앞을 보는 사람 사이에서도 대단히 많은 점에서 그러합니다. 우리의 맹인은 전체가 아름답다면 그 전체를 구성하는 부분들이 어떻게 배치되어야 하는지 촉각으로 연구했으니, 이 아름다움이라는 용어를 정확히 적용하게 되었습니다.[11] 하지

- -

11. 대칭은 가장 단순한 동등 관계이다. 어떤 관계의 지각이 판단이므로 대칭이 제공하는 판단은 가장 단순하고 가장 손쉬운 것이다. 디드로는 『농아에 대한 편지』 말미에 실린 ***양에게 보내는 편지에서 "관계들의 지각은 우리 이성이 내딛는 첫 발자국 중 하나입니다. 관계들은 단순하거나 복잡합니다. 관계들은 대칭을 구성합니다. 단순한 관계들을 지각하는 것이 복잡한 관계들을 지각하는 것보다 더 쉽고, 모든 관계들 가운데 동등 관계가 가장 단순하므로, 이를 선호하는 것이 당연합니다. 제가 전에 했던 생각이 그렇습니다. 건물의 익면이 서로 동등하고 창문의 네 귀퉁이가 평행한 까닭이 바로 그 때문입니다'(디드로, 『농아에 대한 편지』, 이충훈 역, 워크룸프레스, 2015, 121~122쪽)라고 썼다. 또한 디드로는 1751년 『백과사전』 2권에 실은 〈아름다운〉 항목에서 성 아우구스티누스를 따라 "지구상의 어떤 것도 완전하게 단일(Un)할 수 없으니, 그 무엇도 완전하게 그 단일성을 모방할 수 없'(디드로, 『미의 기원과 본성』, 이충훈 역, 도서출판 b, 2012, 10쪽)다고 말했다. 성 아우구스티누스는 대칭을 초월적으로 보지만, 디드로는 대칭은 추상화 작용으로 본다. 그러므로 디드로에게 대칭은 자연적이면서 동시에 관습적이라 하겠다. 자연적이라 함은 대칭이 "우리 이성의 첫 발자국"에 대응하기 때문이고, 관습적이라 함은 대칭을 기하학적으로 연구하고 예술작품에서 대칭을 활용하는 일은 자연에서 주어지지 않기 때문이다.

확실히 대칭은 많은 점에서 맹인과 눈이 보이는 사람이 상호 맺은 관습이다. 맹인이 말하는 대칭은 촉각으로 파악되는 것이고, 눈이 보이는 사람이

만 그가 '이것은 아름답다'고 말할 때 그는 판단하는 것이 아니고 그저 눈이 보이는 사람들의 판단을 되읊는 것입니다.[12]

• •

말하는 대칭은 시각으로 파악되는 것이다. 그러므로 이 둘은 동일한 감각 작용이 아니고, 따라서 동일한 관념도 아니다. 그렇지만 우리는 동일한 관계에 있다고 합의하는데, 관념으로부터 추상화를 통해 개념으로 올라가는 것이며, 모든 감각은 각자 기하학자라고 할 수 있기 때문이다. (N)

감각이 기하학자라는 말의 뜻 앞에서 인용한 편지에서 가져온 것이다. 디드로는 이 편지를 "아가씨는 한 사람을 우리가 가진 감각의 수만큼 사유하는 부분으로 나누어 보자는 기이한 가정을 해볼 때, 감각 하나하나가 어떻게 기하학자가 되는지, 모든 것에 대해 말할 수 있고 서로는 기하학으로만 이해할 수 있는 한 사회가 오감 사이에 어떻게 형성되는지 이해할 수 없다고 말씀하셨습니다. 저는 이 부분을 분명히 밝혀보려고 합니다"(디드로, 『농아에 대한 편지』, 앞의 책, 111~112쪽)라는 말로 시작한다.

12. 여기서 아름다움은 어떤 전체의 구성, 즉 전체에 대한 부분들의 관계이자 조화로운 관계로, 그 관계 중 가장 단순한 것이 바로 대칭이다. 이는 다양성 속의 단일성(*unitas in varietate*)을 강조하는 고전적인 개념이다. 디드로는 이러한 플라톤적 주지주의의 주장을 섀프츠베리(『공과 덕에 대한 시론 *Essai sur le mérite et la vertu*』(1745), 1권 2부 3절(DPV, t. I, p. 321)에서 발견했는데, 이 주장은 1748년에 출판한 『수학논문집 *Mémoires sur différents sujets de mathématiques*』에 실은 첫 번째 논문(DPV, t. II, p. 256)에 착상을 제공했다. 디드로는 『백과사전』의 〈아름다운〉 항목에서 이 문제를 발전시킨다. "[…] 우리가 아름답다고 부르는 모든 존재가 공통적으로 가진 특징 가운데 어떤 것을 미라는 말 기호로 삼을 수 있는 것으로 선택할 수 있을까? […] 내가 보기에 그것은 무엇인가가 있어야 사물이 아름답게 되는 특징이라는 것이 명백하다. […] 이 특징으로부터 미가 출발하고, 증가하고, 무한히 변화하고, 쇠락하고, 사라진다. 그런데 이런 결과를 가능하게 해 주는 것은 '관계' 개념밖에는 없다. 그러므로 내 지성에서 관계의 관념을 일깨우는 것을 그 자체로 포함하는 모든 것을 내 외부에 존재하는 미라고 부르고, 이 관념을 일깨우는 모든 것을 나와 관련한 미라고 부를 것이다"(디드로, 『미의 기원과 본성』, 앞의 책, 45~46쪽). 이 관계는 지성의 작용으로, 감각적인

연극 한 편을 낭독으로 듣고, 책 한 권을 남이 읽어주는 것으로 듣고 단정적으로 판단하는 이들 대부분도 그와 마찬가지 아니겠습니까? 맹인이 보기에 아름다움이 유용성과 분리되었다면 그것은 그저 말뿐인 것입니다. 감각기관 하나가 부족할 뿐인데 그는 얼마나 많은 것들의 유용성을 놓치고 마는지요! 아름다운 것이란 유용한 것일 뿐이라고 생각하

●●

것이나 정신적인 것에서 지각할 수 있다. 나중에 디드로는 이 입장에 '유기적인 성격을 부여하(organiciser)'게 된다. 또한 디드로는 콩디야크와는 반대로 점점 더 무의식적 지각을 감안하게 될 것이다. 객관적으로 아름다움과 유용성을 하나로 합치는 관계들은 목수가 제작하는 별것 아닌 받침대만큼이나 성 베드로 성당의 둥근 지붕이 만들어 내는 곡선을 필요로 하게 된다. 반면 주관적으로 조화의 관계들은 스스로 현을 퉁겨서 그렇게 만들어진 협화음들이 유추를 만들어 내는 클라브생의 관계들이 된다. (N)

디드로는 나중에 『달랑베르의 꿈』에서 "나는 때때로 우리들 생체기관의 섬유를 현악기의 민감한 울림줄과 비교해 보기도 했습니다. 민감한 울림줄은 한 번 퉁겨지면 오랫동안 떨면서 울리게 되지요. 바로 그 떨림과 그것에 따르는 필연적인 울림이 대상을 현재 상태로 유지시켜주고, 그동안 지성은 그 대상에 적합한 성질에 몰두합니다. 이 울림줄들은 또 다른 속성을 갖고 있는데, 다른 울림줄들도 떨게 만든다는 것입니다. 이와 같이 처음의 한 관념이 두 번째 관념을 불러오고, 그 둘이 합해서 세 번째 관념을 불러오며, 그 셋이 함께 네 번째 관념을 불러오는 그러한 연쇄가 계속됩니다"(디드로, 『달랑베르의 꿈』, 김계영 역, 한길사, 2006, 62~63쪽). 결국 디드로는 철학자─클라브생의 비유로 넘어간다. "철학자라는 악기는 느낄 수 있습니다. 그렇기 때문에 그는 음악가인 동시에 악기이지요. 느낄 수 있기 때문에 그는 그가 만들어 내는 소리에 대한 순간적인 의식을 갖고 있습니다. 동물이기 때문에 기억도 갖고 있지요. 이러한 유기체적인 능력이 음들을 연결하면서 자기 자신 안에서 멜로디를 만들어 내고 간직하게 만드는 것입니다"(위의 책, 65쪽).

는 맹인들을 보면 정말 안타깝지 않습니까! 그들은 정말이지 얼마나 많은 놀라운 것들을 잃은 것일까요![13] 그들이 잃은

● ●

13. 이 맹인이 '아름다운'이라는 용어를 정확히 적용하게 되었다면 촉각을 통해 다양성 속의 단일성을 연구한 결과이다. 그런데 플라톤 이래의 오랜 전통은 아름다움을 '시각'에 할당한다. 성 토마스 아퀴나스는 "아름다움은 보여진 것(*pulchrum est quod visum placet*)"이라고 말했다. 앙드레 신부는 1741년의 『미에 대한 시론』을 구성하는 여러 가지 아름다움, 즉 '풍속의 아름다움' '정신 작품의 아름다움' '음악적 아름다움'에 앞서 '시각적 아름다움'을 배치했다. 그러므로 감각적 아름다움으로 시각과 청각(건축과 음악)만을 취하고 다른 감각들은 배제했다. 디드로는 『백과사전』의 〈아름다운〉 항목에서 앙드레 신부의 입장에 주목했다. 그러나 디드로는 이후 〈아름다움(beauté)〉항목에서 〈『맹인에 대한 편지』의 추가〉에서처럼 앙드레 신부가 촉각을 배제했음을 지적하면서 "그런데 나는 그의 체계가 이 점에서 모순될 수 있다고 본다. 내가 보기에 맹인은 관계, 질서, 대칭의 관념을 갖고 있고, 이 개념들은 시각을 통해 우리의 지성에 들어오듯, 촉각을 통해 우리의 지성에 들어온다. 촉각을 통해 들어온 개념들은 아마 덜 완전하고 덜 정확할 것이다. 그러나 이 점으로는 고작해야 맹인들이 앞이 보이는 우리들보다 아름다움에 영향을 덜 받는다는 것만을 증명할 뿐이다. 한마디로 말해서 똑같이 닮은 흉상을 제작하는 맹인 조각가가 아름다움에 전혀 영향을 받지 않는다는 주장은 내게 지나치게 과감해 보인다"(DPV, t. VI, p. 173; ENC., t. II, p. 182)고 말했다. 『맹인에 대한 편지』에서 디드로는 촉각만을 가진 맹인이 유용한 아름다움의 지식과, 그저 그 말에 대해 들었던 지식만을 가졌다고 본다. 그렇지만 좁은 의미의 유용성이 문제가 된다. 맹인은 감각기관 하나가 부족하므로 많은 사물들의 유용성을 놓치는 것이다.
  디드로는 1745년에 새프츠베리를 번역하면서 유용성과 아름다움을 동일시한다. 그러나 1751년의 〈아름다운〉 항목에서 디드로는 새프츠베리의 주장을 버린다. 여기서 새프츠베리의 체계는 그가 검토하는 성 아우구스티누스, 볼프, 크루자, 허치슨 중 가장 결함을 가진 것으로 보이기까지 한다. 이들 모두보다 디드로는 앙드레 신부의 입장을 선호한다. 디드로는 앙드레 신부의 『미에 대한 시론』을 언급하며 본질미, 자연미, 인공미라는 세 가지 종류의

것의 보상이 되는 유일한 이득이란 아름다움을 빠짐없이 연구했던 앞을 보는 철학자들보다 아름다움에 대해 폭은 좁지만 더 명확한 관념을 가졌다는 것입니다.[14]

우리의 맹인은 내내 거울 이야기를 합니다. 부인께서는 그가 거울이라는 말의 뜻을 모른다고 생각하시겠지요. 그렇지만 그는 거울을 조명을 가리는 역광逆光으로는 결코 놓지 않을 겁니다. 그는 자기가 갖지 못한 감각기관의 장점과

• •

미를 구분한다. "본질미는 규칙성, 질서 균형, 대칭 일반으로 이루어진다. 자연미는 자연물에서 발견되는 규칙성, 질서, 균형, 대칭으로 이루어진다. 인공미는 우리가 제작한 인공물 […]에서 볼 수 있는 규칙성, 질서, 대칭, 균형으로 이루어진다'(『미의 기원과 본성』, 앞의 책, 27쪽). 디드로가 이 시기에 섀프츠베리로부터 이렇게 멀어진 것은 콩디야크(『인간지식기원론』, 1부 2절 10장)의 영향으로 볼 수 있다. 다만 디드로가 유용성을 반드시 배제해야 한다고 말하는 것은 아니다. 디드로의 주장은 아름다움은 유용성으로 환원되지 않는다는 것이다. (N)

14. 맹인의 아름다움의 관념들이 "더욱 뚜렷"한 것은 촉각이 시각과 청각보다 협소하고 더 분석적이기 때문이다. 더욱이 디드로는 무의식적으로 이루어지는 지각을 받아들이지 않는다. 디드로는 〈아름다운〉 항목에서 "단 하나의 관계를 지각해서 생긴 미는 보통 여러 가지 관계를 지각해서 생긴 미보다 못하다. […] 그러나 관계의 수를 무한히 늘려서는 안 된다. 미는 이렇게 증가하는 방식을 따르지 않는다. 우리가 '아름다운' 사물의 관계로 받아들이는 것은 세심한 정신이 명확하고 쉽게 이해할 수 있는 관계들뿐이다 […]"(『미의 기원과 본성』, 앞의 책, 61쪽).

이러한 아름다움에 대한 논의가 중요하다는 점을 강조해야 하는 까닭은 손더슨이 자신은 손으로 만질 수 없는 세상이 아름답다는 논변을 통해 신을 믿을 수 없다는 이후의 논의를 예고하기 때문이다(콩디야크, 『인간지식기원론』, 1부 6과 §13(부록 참조)). (N)

단점을 우리만큼 분별 있게 설명합니다. 자기가 쓰는 용어들에 전혀 관념을 결부시키지 못하기는 해도 적어도 그 용어들을 부적절하게 말하는 법은 없다는 점에서는 대부분의 사람들보다 우위에 있습니다. 자기가 전혀 모르는 수많은 것들에 대해 그는 대단히 정확하고 또 딱 부러지게 말하므로, 그와 교제하면 왜 그런지도 모르지만 우리가 늘 하듯이 우리 내부에 일어나는 일들을 기준으로 다른 사람들 내부에 일어나는 일들을 추론하는 일은 정말이지 무력해지고 말 것입니다.[15]

저는 그에게 거울의 의미가 무엇이냐고 물었습니다. 그는 제게 이렇게 대답하더군요. "사물들이 멀리 떨어져 있어도 그것과 적절한 위치에만 있다면 그 사물들을 입체적으로 만드는 기계지요. 그것은 제가 손을 어떤 물체 쪽으로 가져갈 필요가 없이도 그것을 느낄 수 있다는 점에서 제 손과 같습니다."[16] 제 생각인데 데카르트가 선천적 맹인이었다면 이런

· ·

15. 『맹인에 대한 편지』에서 뚜렷하게 드러나지 않고 감춰진 결론은 언어의 역할의 중요성에 대한 것이다. 우리는 언어를 통해서 우리 마음속에서 일어나는 작용들이 다른 사람들의 마음속에서 일어나는 작용들과 동일하다고 판단하게 된다. 그렇지만 디드로는 이러한 동일성의 추정을 맹인의 경우를 통해서 부정한다. 저작의 말미에 몰리뉴의 문제를 재해석하면서 디드로는 시각과 촉각의 이질성(hétérogénéité)을 강조하는 로크와 버클리에 반대하여 이 과정은 대상과 전혀 유사성이 없는 기호를 통해 상호적으로 전달되어 해석될 수 있다는 점을 부각하고 있다.

16. 퓌조의 맹인은 아름다움에 대해서 말한 것처럼 거울에 대해 말하기는 하지만,

정의에 박수를 보내지 않았을까 합니다. 부탁드리건대 그 정의에 이르기 위해 몇몇 관념들을 얼마나 섬세히 결합했어야 했을지 생각해 보시기 바랍니다. 우리의 맹인은 대상의 지식을 촉각을 통해서만 얻습니다. 그 역시 맹인이 촉각으로

눈이 보이는 우리와 동일한 관념, 그러니까 이미지를 갖는 것은 아니다. 디드로는 "그는 상상하지 않습니다. 상상하기 위해서는 바탕을 채색해야 하니까요"라고 말한다. 그러니 맹인이 거울에 대해 논하는 것은 유추를 통해서이다(단어들과 말은 지성의 추상화 과정에서는 배제되지만 감각으로 얻는 구체성에서는 그렇지 않다). 이 맹인이 거울에 대해 내리는 결론은 우리가 귀납적인 방법으로 타인의 존재에 대해 내리는 결론과 같다. 그러므로 우리가 타인의 의식의 상태를 추론한들 무슨 의미를 얻을 수 있을까? 현대 철학의 언어로 말하자면 우리는 타인의 존재의 실존적 직관을 추리하는 것이 아니라, 타인의 표현에서, 또 타인의 표현을 통해서 타인에 대한 실존적 직관을 갖게 된다고 할 것이다. 거울, 망원경, 렌즈를 다룬 문단 전체에서 디드로는 이 원칙으로부터 출발해 맹인이 "촉각을 통해서만 대상의 지식을 갖는다"고 말한다. 이 말은 모든 감각을 촉각으로 환원한다면 받아들일 수 있으며, 감각들을 서로 구분한다면 미묘한 차이가 드러나게 된다는 뜻이다.

이 문단 전체는 『농아에 대한 편지』에 등장하는 한 대목과 유사하다. 이 대목에서 디드로는 퓌조의 맹인과 카스텔 신부의 '눈으로 듣는 클라브생 (clavecin oculaire)'을 비교한다. "『눈이 보이는 사람들을 위한 맹인에 대한 편지』에 나오는 문제의 맹인은 망원경과 렌즈에 대해 판단을 내릴 때 확실히 대단한 통찰력을 보여주었습니다. 거울에 대한 정의는 참으로 놀라웠습니다. 하지만 저는 우리가 말하고 있는 농아가 카스텔 신부의 눈으로 듣는 클라브생과 우리가 사용하는 악기와 음악에 대해 상상했던 것이 더 심오하고 더 진실하다고 생각합니다. 그것이 무엇인지 정확히 알지는 못했지만 그것이 무엇이어야 하는지에 대해서는 알고 있는 것이나 다름없었습니다"(디드로, 『농아에 대한 편지』, 앞의 책, 37쪽). (N)

대상을 알게 되는 것처럼, 다른 사람들이 하는 말을 듣고는 눈이 보이는 이들은 시각을 통해 이를 알게 된다는 점을 이해합니다. 적어도 우리의 맹인은 그 개념만은 형성할 수 있습니다. 더욱이 그는 얼굴을 만져볼 수는 있어도 볼 수는 없다는 것도 이해합니다. 그러므로 그는 시각은 우리 얼굴에서 얼마간 떨어져 있는 우리 얼굴의 상이한 대상들로만 확장되는 일종의 촉각이라는 결론에 이르게 됩니다. 게다가 맹인이 촉각을 통해 갖게 되는 관념은 입체뿐입니다. 그래서 그는 거울이란 우리를 우리 외부에서 입체적으로 만드는 기계라고 부언하는 것입니다. 얼마나 많은 저명한 철학자들이 우리의 맹인보다 섬세하지 못해서 그릇된 개념에 이르고 말았던가요? 그렇기는 해도 우리의 맹인에게 거울이란 얼마나 놀라운 것이었겠습니까? 대상들을 크게 만드는 유형의 기계들이 있고, 대상들을 크게 만드는 대신 위치를 이동시키고 가깝게 끌어당기고 멀리 보내면서 그보다 작을 수 없는 부분들을 자연사가[17]들의 눈에 드러내, 그 대상들을 알아볼 수 있게 해 주는 다른 유형들의 기계들이 있고, 그 대상들을

· ·

17. 자연사가(naturalistes)는 "특히 자연사(Histoire naturelle), 즉 식물, 광물, 동물 등의 지식의 연구에 몰두하는 사람"(『아카데미 사전』, 1762)이다. 이 시기는 생물학(biologie)이라는 용어가 아직 등장하기 전이다. 이 용어는 라마르크가 1802년에 처음 사용했다.

수천 개로 만드는 기계들이며 완전히 일그러뜨려 보여주는 기계들이 있음을 알려주자 그가 얼마나 경악했는지 모릅니다. 예를 들어 우리의 맹인은 자연사가라고 불리는 사람들만이 현미경으로 관찰을 하고, 천문학자들만이 망원경으로 관측을 하는 것인지, 대상을 작게 만드는 기계보다 그것을 크게 만드는 기계가 더 큰지, 대상을 끌어당기는 기계가 그것을 멀리 보내는 기계보다 더 짧은지 묻더군요. 그는 거울이 반복해서 입체적으로 만드는 이 또 다른 우리를 어떻게 촉각으로 감각 할 수 없는지 이해할 수 없다고 말했습니다. 그래서 그는 이렇게 말하더군요. "그러니까 어떤 작은 기계로 인해 두 감각이 서로 어긋나게 되는 것이로군요.[18] 더욱 완전한 기계라면 두 감각을 일치시켜 볼 수도 있을 테지요. 그렇다고 대상들이 더 실재적이지는 않겠습니다. 어쩌면 훨씬 더

18. 이 부분에서 퓌조의 맹인은 세 가지 상이한 '기계'를 가정한다. 하나는 시각과 촉각을 '어긋나게' 만드는 기계이고, 다른 하나는 이 두 감각을 '일치'시키는 기계이고, 또 다른 하나는 대상을 사라지게 만드는 기계이다. 첫 번째 기계가 맹인이 이해할 수 없는 보통의 거울이라면, 두 번째 기계는 촉각으로 얻은 관념과 시각으로 얻은 관념이 모순되지 않도록 하는 거울이고, 세 번째 기계는 촉각으로든 시각으로든 우리가 감각으로 지각한 대상의 존재를 부정하게 만드는 거울이다. 첫 번째 거울이 로크와 버클리의 감각의 이질성의 문제를 제기한다면, 두 번째 거울은 데카르트의 경우처럼 감각과 지각이 지성의 차원에서 해독될 수 있는 체계의 비유이고, 마지막 세 번째 거울은 우리의 지식의 대상이 우리 외부에 존재한다는 것을 인정하지 않는 소위 형이상학자들의 체계에 대한 비유이다.

완전하고 더 믿을 수 있는 세 번째 기계가 있다면 대상들을 아예 사라지게 만들어서 우리가 오류를 범했음을 알려줄 수 있을지 모르겠습니다."

또 *** 씨는 우리의 맹인에게 "당신 생각에 눈이란 무엇인 가요"라고 물었습니다. 그러자 맹인은 이렇게 대답하더군요. "그것은 공기가 내 손에 들린 지팡이가 내는 것과 똑같은 효과를 내게끔 하는 감각기관입니다."[19] 그의 이런 대답을 듣고 우리는 깜짝 놀랐습니다. 우리가 감탄해서 서로 바라보고 있는데 그는 이렇게 계속 말하더군요. "그 점은 정말 사실이니 제가 여러분의 눈과 대상 사이에 손을 가져다 놓으면 여러분은 제 손을 눈앞에 보지만 그 대상은 여러분 눈앞에서 사라지게 됩니다. 제가 지팡이를 들고 물건을 찾는데 그것과는 다른 물건을 찾게 될 때 제게 일어나는 일과 동일한 것이죠."

부인, 데카르트의 『굴절광학』을 펼쳐서 촉각 현상은 시각 현상과 연관되어 있으며, 지팡이를 들고 보고자 하는 사람의 모습이 많이 들어 있는 광학 관련 도판들을 보시기 바랍니다.[20] 데카르트와 그의 뒤를 이은 사람들도 시각 작용에 대해

••

19. 이 정의는 〈『맹인에 대한 편지』의 추가〉에서 디드로가 멜라니 드 살리냐크 양이 제시한 눈의 설명과 연결된다. (본서 162쪽)
20. 『맹인에 대한 편지』에 실은 도판 위에는 "데카르트의 『굴절광학』에서

그보다 더 명확한 생각을 제시해 보일 수 없었으니, 저 위대한 철학자는 이 점에 대해서는 눈이 보이는 사람들 이상으로 우리의 맹인보다 더 뛰어난 것은 아니었습니다.[21]

• •

가져온 도판(Figure tirée de la *Dioptrique* de Descartes)"이라고 적혀 있는데 여기서 'tirée(가져온)'(이라는 말은 결국 'imitée(모방한)')를 의미한다. 디드로는 데카르트의 맹인에게 루이 15세 시대의 옷을 입혔다. 이 도판을 본다면 디드로는 1724년과 1749년에 출판된 데카르트의 판본을 참조했다고 볼 수 있는데, 이 판본은 푸아송 신부가 주석을 붙인『방법서설』판본이다(Paris, Compagnie des libraires, 1724). (N)

아래 세 그림은 각각 데카르트, 버클리, 빅토르 쿠쟁이 편집했거나 인용한 데카르트 저작의 맹인들을 재현한 도판이다. 왼쪽 첫 번째 그림은 데카르트의『굴절광학 *Dioptrique*』(1637, AT VI, p. 136)에 삽입된 그림이고, 중앙의 그림은 버클리의 저작(George Berkeley, *Essai sur une nouvelle théorie de la vision*, dans *The Works of George Berkeley, Bishop of Cloyne,* Alexander Campbell Fraser éd., Oxford, Clarendon Press, 1871, vol. I, appendice, p. 109)에 실린 것이고, 마지막 오른쪽 그림은 빅토르 쿠쟁이 편집한 데카르트『선집 *Œuvres de René Descartes*』(1824~1826), t. V, planche II, figure 18에서 가져온 것이다. 시대에 따라 맹인의 모습 및 복장이 달라지는 점에 주목하자.

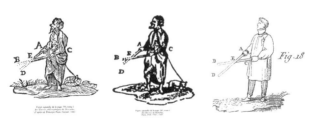

21. "[…]『맹인에 대한 편지』를 읽어보면 우리는 [일종의 기하광학적 조망점이자 원근법적 조망점인 데카르트적 주체의] 구성이 시각의 핵심을 완전히 놓치고 있다는 사실을 감지할 수 있습니다. 왜냐하면 맹인 또한 시각의 기하광학적

〈도판 1〉 데카르트의 『굴절광학』에서 가져온 그림[22]

우리 중 누구도 맹인에게 회화와 서체書體에 관해 물어볼

공간을 […] 완벽하게 재구성하고 상상할 수 있으니까 말입니다. […]"(자크 라깡, 『정신분석학의 네 가지 근본 개념 *Les Quatre Concepts fondamentaux de la psychanalyse*』, 파리, 쇠유, 1973, 81쪽; 『세미나 11』, 맹정현, 이수련 역, 새물결, 2008, 136쪽)

생각까지는 하지 못했습니다만, 그는 비교를 통해 어느 질문에든 만족스러운 대답을 할 수 있었을 것임이 명백합니다. 눈 없이 읽고 보고자 한다는 것은 커다란 막대기로 핀을 찾는 일이라고 말했으리라고 저는 확신합니다. 우리는 그저 대상에 입체감을 주는 일종의 투시도법에 대해 그에게 말해 주었습니다. 투시도법은 거울과 비교해서 대단한 유사성도 있지만 동시에 대단한 차이도 있습니다. 그래서 우리가 말했던 투시도법이 맹인이 거울에 대해 품은 생각에 기여했던 만큼 방해도 되었으며, 맹인은 거울이 물체들을 그리니까 대상을 재현하는 화가 역시 아마 거울을 그렸던 것이라고 믿어버렸다는 점을 깨달았습니다.

우리는 맹인이 아주 얇은 바늘에 실을 꿰는 것을 보았습니

• •

22. "여러분은 분명 간혹 횃불 없이 밤길을 걷다가 다소 험한 장소를 거치는 일이 있었을 텐데 그때 지팡이의 도움을 받아 길을 갔을 것이다. 그러면 여러분은 지팡이를 매개로 여러분 주위에서 마주치게 되는 다양한 대상을 느꼈으며, 심지어 나무, 돌, 모래, 물, 풀, 진흙 및 어떤 비슷한 다른 것을 구분할 수 있었음에 주목할 수 있었다. 이런 유의 감각이 이를 오랫동안 사용하지 않았던 사람들에게는 약간 모호하고 막연하다는 점은 사실이다. 그렇지만 맹인으로 태어나서 평생 지팡이를 사용했던 사람들에게서 이런 유의 감각을 고려해 보시라. 그러면 여러분은 그 감각을 대단히 완벽하고 대단히 정확하게 느끼게 되어 그들은 손으로 본다거나 지팡이가 그들의 시각의 결함을 메워주었던 육감의 감각기관이라고까지 말할 수 있을 것이다 (데카르트, 『굴절광학』, 데카르트 전집, 제6권, 샤를 아당과 폴 탄느리 편, 파리, 브랭, 1996, 83~84쪽 (부록 참조))."

다.[23] 부인, 여기서 독서를 잠시 멈추시고 그와 입장을 바꿔본다면 부인께서는 어떻게 하실지 생각해 보시기 바랍니다. 부인이 방법을 못 찾겠다면 맹인은 어떻게 하는지 말씀드리도록 하지요. 그는 바늘귀를 입술 사이에 수평으로 두어, 입과 같은 방향으로 놓습니다. 그다음에는 혀舌를 이용해서 빨아들임으로써 호흡하는 방향으로 실을 끌어옵니다. 이때 실이 바늘귀보다 더 굵어서는 안 되겠습니다. 그런데 이 경우는 눈이 보이는 사람이나, 눈으로 볼 수 없는 사람이나 불편하기란 오십보백보입니다.

맹인이 소리를 기억하는 능력은 정말 대단합니다. 사람들이 짓는 다양한 표정이 맹인이 목소리를 듣고 파악하는 다양성보다 더 대단하지 않습니다. 사람들의 목소리는 섬세한 작은 차이들을 무한히 갖지만, 정작 우리는 목소리를 관찰하는데 맹인만큼 관심을 두지 않기에 그 차이들을 느끼지 못합니다. 이 섬세한 차이들은 눈이 보이는 우리에게는 우리 자신의 얼굴이 갖는 차이들과 같습니다. 우리가 만났던 사람 중에 가장 기억이 나지 않는 사람이 있다면 그것은 우리 자신입니다. 우리가 얼굴을 자세히 뜯어보는 것은 사람들을 알아보기 위한 것입니다. 우리가 자기 얼굴을 기억하지 않는

• •

23. 이 내용은 〈『맹인에 대한 편지』의 추가〉에서 반복된다. (본서 162쪽)

것은 우리를 타인으로, 타인을 우리로 간주할 위험이 없기 때문입니다. 더욱이 우리 감각들은 서로 돕고 있어서 이 때문에 감각들은 완전해지지 못합니다.[24] 저는 이번에만 그 점을 지적하고 넘어가지는 않을 것입니다.[25]

• •

24. 디드로는 감각들 사이에서 일어나는 상호 도움의 역할을 부정하지 않는다. 그러나 그는 거리, 크기, 위치 등의 관념은 촉각에 의존하지만, 저작 말미에 시각만으로도 이와 같은 관념을 획득하는 것이 불가능한 것은 아니라고 주장한다. 이 점에서 그는 데카르트 시각 이론과 로크의 시각 이론을 절충하고 있다고 하겠다.

25. 라 메트리는 『인간기계론』(1747)에서 "여러분은 암만의 저작 및 그의 방법을 설명했던 모든 분들 덕분에 선천적으로 벙어리였던 사람들에게 그가 실행했던 경이를 빠짐없이 알고 계신다. 암만 자신이 말했듯이 그는 벙어리들의 눈에서 귀를 찾았던 것이다. [⋯] 나는 신체의 한 부분이나 한 감각의 상실이 신체의 다른 부분이나 다른 감각의 힘이나 통찰력을 더 높일 수 있으니, 그런 이유로 어떤 벙어리의 눈은 벙어리가 아니었던 사람의 눈보다 더 뚜렷이 보고 더 총명하다고 말하고자 한다'(라 메트리, 『인간기계론 · 인간식물론』, 이충훈 역, 도서출판 b, 2023, 47쪽).

또한 루소는 『에밀』 2권에서 "촉각이 우리의 감각 중에서 가장 지속적으로 단련되는 것이라 하더라도, 내가 이미 말한 것처럼 촉각의 판단은 다른 어떤 감각의 판단보다 더 불완전하고 거친 상태로 남아 있다. 이는 우리가 촉각을 사용할 때는 계속해서 시각도 함께 사용하는데, 눈이 손보다 빨리 대상에 가 닿아 정신이 거의 언제나 손 없이 판단을 내리기 때문이다. 그 대신 촉각의 판단은 가장 제한되어 있다는 바로 그 이유 때문에 가장 확실하다. 왜냐하면 우리의 손이 닿을 수 있는 거리만큼 확장되는 촉각의 판단이, 거의 지각되지도 않는 대상들에게까지 멀리 성급히 달려 나가는 다른 감각들의 경솔함을 바로잡아 주기 때문이다. 다른 감각들과는 반대로 촉각은 일단 지각한 것은 모두 제대로 지각한다. 게다가 우리가 원하면 신경의 활동에다 근육의 힘을 합침으로써 동시적인 감각에 의해 온도, 크기, 형태에 대한 판단에 무게와 내구성에 대한 판단을 결합시키기까지

이 점에 대해 우리의 맹인은 여러 면에서 우리들이 자기보다 얼마나 못한지 수백 번 경험하지 못했다면 자신이 우리와 똑같이 유리한 조건을 갖추지 못한 것을 대단히 안타깝게 생각했을 것이며, 우리를 지성적으로 자신보다 우월한 존재로 보았을 것이라고 말했습니다. 이런 견해를 들으니 다른 견해가 떠오르더군요. 우리는 이 맹인이 앞을 보는 우리들만큼이나, 혹은 그 이상의 자부심을 갖고 있다고 말했습니다. 그러므로 우리가 전혀 의심치 않듯이 동물이 자기 이상으로 사람들이 갖춘 유리한 조건과, 동물이 더 잘 알고 있는 것이지만 사람들 이상으로 자기가 갖춘 유리한 조건들을 비교하면서[26] 추론한다면 그 맹인처럼 똑같은 판단을 하지 않겠습니까? 각다귀는 아마 사람은 팔이 있지만 자기에게는 날개가 있다고 말할지 모릅니다. 사자는 사람에게는 무기가 있지만 자기에게는 발톱이 있지 않느냐고 말하지 않겠습니까? 코끼리는 우리를 벌레처럼 볼 것입니다. 모든 동물은 우리 사람은

한다. 따라서 촉각은 모든 감각들 중에서 외부 물체가 우리의 몸에 미칠 수 있는 인상을 가장 잘 알려주기 때문에 가장 자주 사용되고, 자기보존에 필수적인 인식을 우리에게 가장 즉각적으로 제공한다"(루소, 『에밀 1』, 이용철·문경자 역, 한길사, 2007, 243쪽).

26. 비교하다(balancer)로 번역했는데, 『퓌르티에르 사전』(1690)에 따르면 이 말은 "비유적으로 자기 정신에서 그것을 유보하고, 양쪽에서 정신을 기울게 하는 근거들을 만드는 검토"로 정의되어 있다.

후하게 쳐서 이성이라는 것이 있다는 점을 인정할 것입니다. 사람에게 이성이 있다는 것은 동물의 본능이 절실히 필요했으리라는 것이죠. 그래서 동물들은 본능을 갖고 태어났으며 그것만 있으면 사람의 이성이 정말 없어도 된다고 주장할 것입니다.[27] 우리는 장점은 과장하고 결점은 감추는 성향이 아주 심해서, 힘을 논하는 논고는 인간이 쓰고 이성을 논하는 논고는 동물이 쓰지 않을까 합니다.[28]

• •

27. "짐승들이 매일같이 일상적으로 하는 행동들과 그들의 거동을 본다면 그들에게도 기억이라는 것이, 과거에 있었던 일에 대한 성찰이, 지금 그들을 자극하는 대상과 그들이 멀리 거리를 두어야 할 경우임을 알려주는 위험들의 비교가, 어떤 면에서 서로 닮은 정황과 상이한 정황의 구분과 이 모든 관계들 간의 판단과 선택의 능력이 있음을 알게 된다. 이런 결과들은 동물들에게는 대단히 흔한 것으로 즐거움을 찾고 고통을 두려워한다는 것이다. 짐승들은 기억에 자리 잡고 있는 사실들에서 결과와 추론을 이끌어낸다. 그렇게 해서 행동을 하게 되는 것이다. 경험으로 강화되고 매일같이 이루어지는 성찰로 익숙해진 이런 지식의 체계를 본능(instinct)에 결부시킬 수 없다. 본능이라는 말은 지성(intelligence)이라는 말과 동의어이다"(『백과사전』, 〈본능〉 항목, t. VIII, 796b).

28. 인간의 오만을 무력하게 만드는 고전적인 논변이다. 변호사였던 장 앙투안 게르(Jean-Antoine Guer, 1713~1771)는 『짐승의 영혼에 대한 비판적인 역사 L'Histoire critique de l'âme des bêtes』(1749)에서 플리니우스, 루크레티우스, 루키아노스 등을 언급한다. (N)

　　몽테뉴는 "우리가 가진 것 중 어떤 능력을 동물들의 행동에서 찾아볼 수 없단 말인가? 꿀벌의 사회보다 더 질서 있고, 다양한 직책으로 세분되어 일사불란하게 유지되는 체계가 있는가? 이성과 통찰력 없이 여러 활동과 기능을 그토록 정연하게 배분할 수 있는가? [⋯] 우리는 동물들이 만든 대부분의 작품에서 그것들이 우리보다 얼마나 뛰어나며 그것들을 따라가기

저희 일행 한 명이 우리의 맹인에게 눈을 갖게 되면 좋지 않겠냐고 물어볼 생각을 했습니다. 다음이 그가 한 답변입니다. "호기심에 휩쓸리지 않는다면 저는 긴 팔을 갖는 것도 좋겠죠. 달에서 일어나는 일은 여러분의 눈이나 망원경보다 제 손으로 더 잘 알 수 있지 않을까요.[29] 그리고 손은 계속 느끼지만 눈은 보지 못하게 되는 것입니다. 그러므로 제게 없는 감각기관을 얻는 것이나 제가 갖춘 감각기관이 완벽해지는 것이나 똑같은 가치가 있습니다."

우리의 맹인은 소리나 목소리가 나는 쪽으로 틀림없이 똑바로 나아가니까[30] 맹인들이 그런 훈련을 계속하게 되면

엔 우리 기술이 얼마나 모자라는지를 충분히 확인한다. 그럼에도 불구하고 우리는 그보다 더 조잡한 우리의 작품에서 우리가 거기에 쏟은 재능들을 알아보며, 우리 영혼이 거기에 전력을 다하는 것을 알아본다. 왜 동물들도 그럴 거라고 생각하지 않는가? 본능으로건 기술로건 우리의 역량을 훌쩍 뛰어넘는 짐승들의 작품을, 왜 우리는 자연적이고 맹목적인 알 수 없는 선천적 경향의 덕으로 돌리는가?"(몽테뉴, 『에세 2』, 2권 12장, 심민화 역, 민음사, 2022, 204~205쪽)

29. 디드로는 여기서 퓌조의 맹인을 통해 지팡이를 이용해서 외부의 대상을 정확히 파악하는 데카르트의 맹인을 암시하고 있다. 눈이나 시각 도구를 통해 우리는 지식의 폭을 넓힐 수 있으나, 그보다는 이미 갖고 있고 정확히 사용할 수 있는 기존 감각기관을 개량하는 것으로 훨씬 더 정확한 지식을 얻을 수 있다. 디드로는 이미 퓌조의 맹인을 통해서 저작 말미에 논의하게 될 몰리뉴의 문제를 암시하고 있다.

30. 여기 쓰인 adresser 동사의 번역은 "목적을 향해 똑바로 나아가다"로 풀이한 『퓌르티에르 사전』을 따랐다.

대단히 능숙하고 또 대단히 위험한 인물이 될 거라고 저는 확신합니다. 그런 사건 한 가지를 부인께 말씀드릴까 합니다. 이 이야기를 들으시면 부인께서는 맹인이 조금이라도 돌팔매나 권총과 같은 무기를 쓰는 법을 손에 익혔다면 그가 손으로 우리에게 돌을 던질 때 마냥 기다린다거나, 그의 손으로 권총 사격 사정권에 드는 일은 크나큰 잘못임을 납득하실 것입니다. 그는 젊었을 때 제게 불만을 품은 형제 한 명과 다투다가, 날 선 말을 듣고는 그만 참지 못하고 손에 잡힌 것을 던져버렸는데 그것이 형의 이마를 정통으로 맞혀 바닥에 쓰러뜨리고 말았습니다.

이 사건과 몇몇 다른 일들로 그는 경찰에 소환되었습니다. 우리는 권력을 나타내는 외적 표지들을 보면 강렬한 자극을 받지만 맹인들은 그런 것에 전혀 위압감을 느끼지 않습니다. 우리의 맹인은 보통 사람에게 가듯 사법관 앞에 출두했습니다. 협박이 있었지만 전혀 두렵지 않았습니다. 그는 에로[31] 씨에게 이렇게 말했습니다. "저를 어찌시겠습니까?" "자네를 지하 감옥에 처넣겠네"라는 대답이 돌아오자 그는 이렇게 답변했습니다. "아! 나리, 제가 그곳에 있은 지 스물다섯 해입니다." 부인, 정말 굉장한 답변이 아닌가요! 저처럼 훈화

• •

31. 르네 에로(René Hérault, 1691~1740)는 파리 경찰국 사령관(1725~1739)이었는데 특히 얀센주의자들에게 엄격했던 것으로 유명했다. (N)

를 좋아하는 사람에게는 대단한 문구라고 하겠습니다. 황홀한 공연이 끝나듯 우리의 삶이 끝나는 것처럼 맹인은 지하독방에서 나오듯이 삶을 끝내는 것입니다. 우리는 맹인보다 더 많은 즐거움을 누리며 살지만 맹인은 죽는 일에 훨씬 덜 가슴 아파하리라는 점을 인정하셔야 합니다.

퓌조의 맹인은 열이 얼마나 뜨거운가의 정도에 따라 불과의 거리를 추산推算하고, 액체를 다른 용기에 옮길 때 그것이 떨어지는 소리를 듣고 용기[32]가 가득 찼는지를 추산하고, 얼굴에 가해지는 공기의 작용에 따라 물체들과의 근접 정도를 추산합니다. 그는 대기 중에 일어나는 대단히 작은 변화에도 민감하므로 트인 길과 막힌 길을 분간할 수 있습니다. 그는 물체의 무게와 용기의 용적容積을 놀랄 만큼 정확하게 추산합니다. 두 팔을 아주 정확한 저울로 사용하고, 손가락을 아주 능숙하게 컴퍼스로 사용하므로 이런 유의 정역학[33]이

• •

32. 용기(vaisseau)의 번역은 『아카데미 사전』의 "어떤 것이든 액체를 담도록 된 단지"라는 설명을 따랐다.
33. 『백과사전』의 〈정역학(statique)〉 항목에서 달랑베르는 이 정역학(靜力學)이라는 말을 "물체들이나 서로 작용하는 힘들의 평형을 이루는 법칙을 다루는 역학의 분과"로 정의한다. "일반 역학의 목표는 물체들의 평형과 운동의 법칙을 연구하는 것이지만 운동을 다루는 분과를 역학으로, 평형을 다루는 분과를 정역학이라고 부르곤 한다. [정역학이라는 말은] 라틴어 *stare*에서 왔는데, 정지 상태로 멈춘다는 뜻이다. 평형을 이루는 물체에 운동하려는 경향이 있을지라도 평형의 결과 정지가 산출되는 까닭이다. 정역학은 두

요구되는 상황이라면 저는 앞을 보는 스무 사람 대신 우리의 맹인을 믿겠습니다. 그에게는 목소리들 간의 미묘한 차이나 물체들이 내는 광택의 미묘한 차이나 거의 마찬가지입니다. 그러니 그가 아내를 다른 여자로 착각하지 않을까 걱정할 필요가 없을 겁니다. 그렇게 바꿔서 득 볼 것이 없다면 말입니다. 그러나 맹인들만 사는 나라에서 여자들은 공유될 수도 있겠고, 반대로 간통 처벌법이 정말 엄격할 수도 있을 것 같습니다. 여자가 애인과 신호만 정해놓는다면 남편을 오쟁이 지게 하기란 정말 쉬운 일이겠죠.

그는 촉각으로 아름다움을 판단합니다. 당연한 일이죠. 그런데 이해하기 쉽지 않은 것은 그의 미적 판단에는 목소리와 발음이 개입한다는 것입니다. 해부학자들은 우리에게 입과 구개口蓋를 이루는 부분들과 얼굴 외부 형태 사이에 어떤 관계가 존재하는지 가르쳐줍니다. 그는 선반과 바늘로 조그만 작품들을 만들고 직각자로 측량을 합니다. 널리 쓰는 기계들이라면 조립 및 분해도 가능합니다. 음표들과 음가를 알려주면 악절을 연주할 정도로 음악을 잘 압니다. 그리고

분과로 나뉘는데, 정역학이라는 이름을 쓰는 분과의 목적은 고체들의 평형의 법칙을 연구하는 것이다. 도르래, 지렛대, 빗면 등 단순하거나 복잡한 여러 기계들을 다루는 것이 이 분과이고, 다른 분과는 정수역학(靜水力學, hydrostatique)이라고 부르는데 이는 유체의 평형의 법칙을 다룬다"(t. XV, 496b).

행동과 사유의 연속된 흐름을 통해 시간이 얼마나 흘렀는지를 우리보다 훨씬 더 정확하게 측정합니다. 그가 다른 사람들을 높이 평가하는 장점들이란 아름다운 피부, 통통함, 탄력 있는 살갗, 체격의 장점, 달콤한 숨결, 목소리와 발음의 매력 같은 것입니다.

그가 결혼을 한 것은 제 소유의 눈을 갖기 위해서였습니다. 처음에는 자신에게 눈을 빌려주고 자신은 그 대가로 귀를 빌려줄 수 있을 농아를 얻을 생각이었습니다.[34] 그가 수많은 일들에 특별한 능력을 갖췄다는 것보다 더 저를 놀라게 한 것은 없었습니다. 그래서 맹인에게 놀랍다는 말을 전하자 이런 대답을 하더군요. "여러분, 저는 여러분이 맹인이 아니라는 것을 압니다. 여러분은 제가 하는 일을 보고 놀라시지요. 그런데 제가 말하는 데는 놀라지 않으십니까?"[35] 제 생각에

• •

34. 이 부분을 그저 여성을 대상화하고 있다고 몰아세울 수는 없다. 이 대목에는 분명 관능적인 의미가 함축되어 있다. 디드로의 『운명론자 자크와 그의 주인』에서 다리 부상을 당한 자크를 치료하고 집에 묵게 해 준 농부 내외의 은밀한 대화에 반복적으로 등장하는 "귀(mon/ton oreille)[의 통증]"이라는 노골적인 성적 표현을 기억해 보자.

35. 복잡하고 어려워 보이는 일을 해내는 것만큼 말을 배우는 일은 결코 쉬운 일이 아니다. 선천적 농아의 경우처럼 해부학적·병인론적(étiologique) 결함으로 인한 제약뿐 아니라, 자기 내부에서 일어나는 일과 외부의 대상들을 지시하고 설명하기 위해서는 수많은 경험과 지식이 필요한 까닭이다. 여기서 디드로는 맹인이 시각의 결여로 인해 가질 수 없는 수많은 관념들이 있음을 지적하면서, 눈이 보이거나 귀가 들리는 사람들 역시 감각과 지성을

이 대답에는 그가 두고자 했던 것 이상의 철학이 있습니다. 우리가 말하는 법을 얼마나 쉽게 배우는지 참으로 놀랄 일입니다. 우리가 감각 대상들로 재현될 수 없는, 그러니까 대상을 갖지 않는 수많은 용어에 하나의 관념을 결부시킨다면, 그것은 감각으로 지각할 수 없는 대상들과 그런 대상들이 자극하는 관념들 사이에서 우리가 주목하는 유사 관계들을 섬세하고 근본적으로 결합함으로써만 가능합니다. 그러므로 선천적 맹인이 그렇지 않은 사람보다 말하는 법을 배우기가 더 어렵다는 점을 인정해야 합니다. 선천적 맹인에게는 감각으로 지각할 수 없는 대상들의 수가 훨씬 더 많을 것이므로 눈으로 보는 우리보다는 비교하고 결합할 여지가 더 적기 때문입니다. 예를 들어 외모[36]라는 말을 선천적 맹인의 기억 속에 어떻게 자리 잡게 할 수 있을까요? 그것은 맹인으로서는

. .

넘어서는 수많은 관념을 창안하고 익히지 않고는 말할 수 없다는 점에 주목한다.

36. 『백과사전』에서는 외모(physionomie)를 "성격의 표현이자, 기질의 표현"으로 정의한다. "외모란 강건한 기질 식으로 체질만을 표현하는 것이다. 그러나 외모만을 놓고 판단해서는 안 된다. 사람들의 얼굴과 거동에는 수많은 특징들이 섞여 있으므로 타고난 특징들을 일그러뜨리는 사건들이며, 천연두나 수척한 모습처럼 영혼이 드러나지 않게 하는 사건들을 언급하지 않는다면 종종 혼동되곤 한다"(t. XII, 538a). 이 부분에서는 문맥상 "[훌륭한] 풍채 및 용모"를 가리킨다. 아울러 이 단어는 얼굴의 풍채 및 용모를 통해 개인의 성격과 성향을 판단하는 학문, 곧 인상학의 의미로도 쓰인다.

지각할 수 없는 대상들로 이루어진 일종의 매력 같은 것이므로 눈으로 보는 우리조차 지각하기 어렵기란 마찬가지여서 매력적인 외모를 갖췄다는 것이 무슨 뜻인지 정말 정확하게 말해보라고 한다면 우물쭈물하게 될 것입니다. 특히 눈이 매력적인 경우라면 촉각은 그때 아무 역할도 못 합니다. 그러니 맹인에게 흐리멍덩한 눈이며, 강렬한 눈이며, 재기발랄한 눈 따위란 것이 도대체 무엇이겠습니까?

이로부터 저는 감각과 감각기관의 협력이 우리에게 이바지하는바 크다는 결론을 내리는 것입니다. 그런데 감각과 감각기관을 따로 훈련하고, 그중 하나만을 사용하는 것으로 충분한 경우에 그 둘을 모두 사용하지 않는다는 것은 완전히 다른 문제입니다. 눈으로 보는 것으로 충분한데 시각에 촉각을 더한다는 것은 이미 강건한 말 두 필 앞에 세 번째 말을 매는 것[37]이라 하겠습니다. 그러니 이는 이 세 번째의 말은 이 방향으로 *끄는*데 다른 두 필의 말은 저 방향으로 끌고 나가는 상황입니다.

우리의 감각기관과 감각의 상태가 우리가 논하는 형이상학과 도덕에 대단한 영향을 행사하고 있으며, 이렇게 말할 수 있다면 제가 그보다 더 순수하고 정신적일 수 없는 관념들

· ·

37. 이 표현은 『백과사전』 표제어 cheval en arbalète의 뜻을 참고하여 번역했다. "마차를 나란히 *끄*는 두 말 앞쪽에 더 매여진 한 마리 말"(t. I, 576b).

이 우리 신체의 조성과 대단히 긴밀한 관계를 갖는다는 점을 확신했으므로, 저는 우리의 맹인에게 악덕과 미덕에 관한 질문을 시작했습니다.[38] 우선 저는 맹인이 도둑질을 대단히 혐오한다는 점을 알았습니다. 그렇게 도둑질을 혐오하게 된 데에는 두 가지 원인이 있습니다. 그가 알아차리지도 못한 사이에 쉽게 도둑질을 당한다는 점이 하나이고, 아마 그보다 더 큰 이유가 되겠지만 그가 도둑질을 한다면 쉽게 들키고 말리라는 점이 다른 하나입니다. 맹인이 우리가 그보

• •

38. 로크는 『인간지성론』 2권 2장 3절에서 "[…] 사람이 네 감관만 갖고 있도록 만들어졌다면, 다섯 번째 감관의 대상이 되는 성질들은 우리의 주목이나 상상, 개념화 작용과는 요원한 것이었을 것이다"(로크, 『인간지성론 1』, 정병훈, 이재영, 양선숙 역, 한길사, 2014, 173쪽). 콩디야크는 『인간지식기원론』 1부 2절 1장 §3에서 이 내용을 다시 취한다. "시각이 없는 피조물, 시각과 청각이 없는 피조물, 이런 식으로 계속해 보자. 반대로 가능하다면 인간보다 더 완전한 동물들에는 새로운 감각들이 있다고 가정해 보자. 새로운 지각들이 얼마나 많을 것인가! 우리가 가늠할 수 없고 가설을 세울 수조차 없는 얼마나 많은 지식들이 있을 것인가. 이로부터 도덕의 상대성으로 나아가게 된다."

볼테르는 1749년에 쓴 『형이상학론』(출간은 나중에 이루어진다)에서 "우리의 신체적 선과 악은 우리와 관련해서만 존재한다. 우리 정신의 선과 악은 경우가 다른 것이라고 해야 할까?"라고 썼다. 라 메트리는 『인간기계론』에서 두뇌의 중요성을 강조하며 그것이 "우리를 능숙하고 박식하고 덕성스럽게 만들어 주는" 성향이라고 했다. "[그런 사례들은] 유모가 그녀의 젖을 먹는 아이들에게 옮기듯, 부모에게서 아이들로 무수한 미덕이며 악덕이 유전의 방식으로 이어진다는 점이 입증된다"(라 메트리, 『인간기계론』, 앞의 책, 71쪽). (N)

다 하나 더 가진 감각을 꼼꼼히 경계할 줄 몰라서도 아니고, 도둑질을 숨기는 법을 몰라서가 아닙니다. 그는 수치스러움을 별것 아닌 것으로 봅니다.[39] 그가 의복으로써 피하게 되는 일기의 불편[40]이 없다면 그는 왜 옷을 입는지 전혀 이해하지 못할 것입니다. 또 그는 신체의 한 부분은 그대로 두면서 다른 부분은 왜 가리는 것인지 이해하지 못하겠다고 솔직하게 고백합니다. 이뿐 아니라 사람들이 어떤 기이한 이유로 쓰임새로 보나 쉽게 불편해진다는 점으로 보나 가리지 않고 둘 필요가 있는 어떤 신체 부분들을 더 가리고자 하는지는 더 이해하기 어렵다고 합니다. 철학의 정신이 수많은 편견으로부터 우리를 해방한 세기에 살고 있지만 저는 우리의 맹인

• •

39. 다른 말로 하면 수치스러움[정조(貞操)]의 감정은 선천적이지도 자연적이지도 않은 것이다. 이 감정은 시각과 관련되어 획득되었으니, 보편적이고 관습적인 도덕적 가치가 없다. 이 주장은 "아담과 그 아내 두 사람이 벌거벗었으나 부끄러워 아니하니라"(『창세기』 2장 25절)와 모순된다. 살리냐크 양이 정조에 대해 "그보다 더 예민할 수 없는 생각"을 가진 것은 "어머니 말씀을 듣다 보니 그렇게 된 것"(본서 154쪽)이다. 디드로는 1771~1773년 사이에 쓴 『부갱빌 여행 보유』에서 정조에 자연적인 부분이 있음을 인정한다. "인간은 즐거움을 맛보고 있는 동안에 방해를 받는다든지 정신을 딴 데로 빼앗기기를 원치 않습니다. 사랑의 향유 뒤에는 인간을 그의 적의 뜻에 내맡길지도 모를 무기력함이 따릅니다. [정조]에 자연적인 것이 있다면 바로 이게 전부입니다. 그 이외의 것은 인위적인 것입니다"(디드로, 『부갱빌 여행기 보유』, 정상현 역, 숲, 2003, 107쪽). (N)

40. 일기의 불편(injure (de l'air)). "비유적인 의미로 바람, 비, 우박, 안개와 같은 일기(日氣)의 불편"(『아카데미 사전』, 1762).

만큼이나 완벽하게 수치스러움에 부여한 특권들을 무시하는 데까지 우리가 도달하지는 못한 것 같습니다. 그의 관점으로 본다면 디오게네스도 철학자였을까 싶습니다.

우리에게 동정과 고통의 관념들을 일깨우는 모든 외적 표시들 중에서 맹인들은 오직 탄식 소리라야만 마음에 변화가 일어나기 때문에 저는 보통 맹인들이 비정非情한 이들이 아닐까 하는 혐의를 두고 있습니다.[41] 맹인에게 소변보는 사람과, 묵묵히 참으며 피를 흘리는 사람 사이에 어떤 차이가 있겠습니까? 대상이 멀리 떨어져 있거나 너무 작아서 맹인들이 시각의 결여로 갖는 것과 똑같은 결과가 우리에게 일어나게 되면 우리들조차 동정을 그만두게 되지 않겠습니까? 우리의 미덕은 얼마나 우리의 감각 방식이며, 외부 사물들이 우리 마음에 일으키는 변화 정도에 달린 것일까요! 또한 저는 많은 사람들이 중벌을 받으면 어쩌나 두려워하지 않고 사람이 종달새만 하게 보이는 거리에서라면 제 손으로 황소의 멱을 따는 것 이상으로 어렵지 않게 그 사람을 죽이리라고 확신합니다. 우리가 고통스러워하는 말馬에게 동정심을 가질

<hr />

41. 디드로는 〈『맹인에 대한 편지』의 추가〉(1782)에서 살리냐크 양과의 대화를 언급하며 "그녀는 맹인들은 고통의 징후를 느낄 수 없으므로 잔인한 사람들일 거라고 썼던 나를 용서하지 않았다"(본서 152쪽)고 말하면서, 이 부분의 내용을 수정하고 있다.

때나, 양심에 전혀 거리낌을 느끼지 않고 개미를 짓밟을 때나, 우리의 결정은 동일한 원칙에서 나오는 것이 아닐까요? 아! 부인, 맹인들의 도덕은 우리의 도덕과 얼마나 다른가요! 농아의 도덕은 맹인의 도덕과 얼마나 다른가요! 우리보다 감각을 하나 더 가지게 될 사람은 더 나쁘게 말하지는 않더라도 우리의 도덕이 얼마나 불완전하다고 생각할는지요!

우리의 형이상학은 그들의 형이상학에 딱 들어맞지 않습니다. 그들이 가진 얼마나 많은 원칙이 우리에게는 그저 터무니없을 뿐인가요! 반대의 경우도 마찬가지입니다. 이 점에 대해서 저는 확실히 부인의 관심을 끌 수 있을 사항들을 차근차근 자세히 다루어 볼 수 있겠지만 어디서나 죄악을 보는 몇몇 사람들은 틀림없이 무신앙을 들어 비난할 것입니다. 마치 제가 맹인들이 사물을 지각하는 것과는 다른 방식으로 그들에게 사물을 지각하게 만들기라도 한 것처럼 말입니다. 그러니 제가 모든 사람이 합의할 수 있다고 생각하는 것을 관찰하는 것으로 만족하겠습니다. 자연의 경이驚異[42]로

. .

42. "자연의 경이에서 끌어내는 저 대단한 추론"이라는 표현은 니우번테이트(Bernard Nieuwentyt)의 『자연의 경이를 통해 증명된 신 존재 *Existence de Dieu démontrée par les merveilles de la nautre*』(Paris, impr. de J. Vincent, 1725, p. 1)에서 발전된 것이다. "신은 우리 눈이 보이는 어디에나 현전한다. 우리는 그보다 더 비천할 수 없는 대상들에서 그것을 만든 영원한 손의 흔적을 발견한다. 그러나 사람들은 신이 이렇게 뚜렷이 현전한다는 것을 알아차리

부터 끌어내는 저 대단한 추론이 맹인들에게는 대단히 무력하다는 점이죠. 말하자면 우리가 작은 거울을 이용해서 새로운 물건들을 만들어 내는 일이 얼마나 쉬운지를 맹인들은 그들로서는 절대 볼 수 없는 별들보다 더 이해하기 어려운 것입니다. 맹인들에게는 동에서 서로 이동하며 빛을 발하는 천체보다는 자기들이 편리하게 줄였다 키웠다 조절할 수 있는 작은 불火이 더 놀랍습니다. 맹인들은 우리보다 훨씬 더 추상적인 방식으로 물질을 이해하므로 이는 그들이 물질이 사유한다고 믿는 것과 크게 다르지 않습니다.[43]

• •

지도 않고 인생을 살아간다. 어떤 이들(나는 철학자들을 말하는 것이다)은 자기들 생각에 몰두하고, 그들의 지식은 그들을 맹목에 빠뜨린다. 그들이 자연의 비밀 속으로 들어가고 나면 어디에서나 빛나는 경이로운 기술에 무감각해진다. 변함없는 규칙들에서, 그보다 더 잘 따를 수 없는 비율에서 그들은 의도 없이 짓고, 변덕에 의해 뒤집히고, 필요에 의해 갱신되고 반복되고, 자연 자체도, 자연의 창조물도 알아보지 못하는 하나의 원인만을 보았을 뿐이다. 이성에 불명예스럽게도 그런 관념들을 받아들였던 사람들은 어느 세기가 되었든 드물지 않았다."

43. 로크는 『인간지성론』 4권에서 "우리는 물질 관념과 생각 관념을 갖고 있다. 그렇지만 어쩌면 어떤 한 단순한 물질적 존재자가 생각하는지 생각하지 않는지 결코 알 수 없을 것이다. 우리가 우리 자신의 관념을 숙고함으로써 전능한 존재가 적당하게 배열된 어떤 물질 체계에 어떤 생각하는 비물질적 실체를 연결하고 고정시켰는지를 계시에 의하지 않고 발견할 수는 없다. 우리가 갖고 있는 개념들에 비추어 보면, 신은 만약 원한다면 물질에 생각하는 능력을 첨가한다고 생각하는 일과 마찬가지로 우리가 이해할 수 있는 일이다. 우리는 생각이 어디에 있는지 알고 있지 못하며, 또 전능자가 어떤 종류의 실체에 창조주의 선한 기뻐하심과 관대함에 의해서만 피조물에

고작 하루나 이틀 동안 앞을 볼 수 있었던 사람이 맹인 나라 사람들과 섞이게 되었다면 잠자코 있겠다는 결심을 하거나 미친놈이 될 결심을 해야 합니다.[44] 그는 맹인들에게 매일같이 새로운 신비로운 일을 발표할지 모릅니다. 그런데 이는 맹인들에게나 신비로운 일일 따름으로, 자유사상가들은 그런 일을 믿지 않는 스스로를 치하할 것입니다. 종교의 수호자들이라면 어떤 면에서는 아주 끈질기고 의롭기까지 하지만 근거는 박약한 불신앙에서 큰 이득을 볼 수 있지 않을까요? 부인께서 잠시 이러한 가정에 동의하신다면 여러

주어질 수 있는 능력을 기꺼이 부여했는지를 알고 있지 못하기 때문이다" (『인간지성론 2』 IV, III, §6, 201쪽). 그러나 영국 국교회 주교였던 에드워드 스틸링플리트(Edward Stillingfleet)는 로크의 이러한 생각을 다음과 같이 반박한다. "우리가 물질 일반에 가진 관념은 견고한 실체이고, 실체의 관념은 연장을 갖고, 견고하고, 형상을 가진 것이다. 그러므로 물질이 사유할 수 있다는 것은 물질의 관념과 정신의 관념을 혼동하는 것이다"(같은 곳, 주석).

44. 이 대목은 플라톤의 동굴의 비유를 떠올리게 된다. "[쇠사슬에서 풀려나 동굴 밖으로 나온] 사람이 도로 동굴로 내려가서 옛날 그 자리에 앉게 되면, 햇빛 비치는 곳에서 갑자기 온 까닭에 그의 눈은 어둠으로 가득 차지 않을까? […] 또한 그의 시력이 약해져 있는 동안, 그곳을 떠난 적이 없는 수감자들과 다시 그림자를 식별하는 경쟁을 해야 한다면, 시력이 회복되기 전에는— 어둠에 익숙해지려면 시간이 꽤 걸릴 것이네—그는 웃음거리가 되지 않을까? […] 이제 이 비유 전체를 앞서 말한 것과 결부시켜 보게. 시각을 통해 나타나는 세계를 감옥의 거처에 비기고, 그 안의 불빛은 태양의 힘에 비겨보라는 말일세"(플라톤, 『국가』, VII, 516e~517a, 천병희 역, 숲, 2013, 388~389쪽).

사례들을 통해 불행히도 암흑의 세기에 진리를 발견하여 이를 동시대 맹인들에게 신중치 못하게 발설하고 말았던 사람들의 이야기와 그들이 받았던 박해가 떠오르실 겁니다. 그의 진리를 들은 맹인들 중에서 그에게 더욱 잔인했던 적敵은 교육과 신분 덕분에 그의 생각과 가장 가깝게 보였던 이들이 지 않았습니까.

그래서 저는 맹인들의 도덕과 형이상학에 대한 말씀은 여기서 그치고, 그보다는 덜 중요하지만 프러시아인 안과의가 도착한 이후 여기저기 우후죽순 솟아난 지적들이 목표로 삼았던 것과 더욱 밀접한 관련이 있는 주제로 넘어가겠습니다. 첫 번째 문제.[45] 어떻게 선천적 맹인은 도형의 관념을 품게 되는 것일까요?[46] 저는 신체의 움직임, 손을 여러 지점에

· ·

45. '첫 번째 문제'라고 했으니 두 번째, 세 번째 등의 표현이 나와야 하지만, 뒤에 이런 표현은 더 이상 등장하지 않는다. 이는 분명 디드로의 착오이다. 다만 저작의 맥락상, 이 표현은 마지막 부분에 등장하는 몰리뉴의 문제를 예비하고 있다고 볼 수 있다.

46. 대답의 첫 번째 부분은 이곳 "저는 신체의 움직임"부터 "기하학자는 연구를 통해 이 선들에서 찾은 속성들로 선의 개념을 수정합니다"(본서 45쪽)인데, 이 부분은 다시 맹인은 도형의 개념을 어떻게 획득하는가와 맹인은 그 개념을 어떻게 보존하는가로 나뉜다. 전자는 방향 '개념의 획득'이다. 여기서 개념의 획득이지 관념의 획득이 아닌 것은 방향은 대상이 아니라 행위이기 때문이다. 여기에 운동(물체 고유의 운동)감각이 가담한다. "손을 여러 지점에 연속적으로 가져가기" 등이다. 이 방향의 개념은 손가락으로 늘어진 실이나 팽팽한 실을 '따라갈 때' '직선'과 '곡선'으로 명확해진다. 후자의

43

연속적으로 가져가기, 손가락 사이를 지나는 물체의 간단없는 감각 작용을 통해 맹인은 방향의 개념을 얻는다고 생각합니다. 실을 아주 팽팽히 당기고 그 실을 손가락으로 따라가면 직선의 관념을 갖게 되고, 느슨한 실의 굽이를 따라가면 곡선의 관념을 갖게 됩니다.[47] 더 일반적인 의미로 말하자면 그는 촉각 경험을 반복함으로써 여러 점에서 경험한 감각

경우 맹인은 더 일반적으로 촉각 경험을 반복하여 형상들을 마음대로 '결합' 할 수 있는 점들의 기억을 획득한다. 기억은 결합의 조건이고, 기하학자가 아니더라도 기억으로 충분한 것이다. 기억을 조합하게 될 때 기하학자가 된다.

　이 문단이 다 끝난 뒤에 디드로는 '수용된' 감각 작용을 고려할 것이고, 선을 그리는 '행위'를 무시한다. 그 행위로 인해 데카르트는 운동이 기하학자들이 말하는 직선 이상으로 이해하기 쉽다고 본 것이다. 쉽다고 데카르트에게 말하게 되었던 그리기의 '행위'를 무시할 것이다. 그런데 이 행위는 칸트 철학에서 근본적인 중요성을 갖는다. (N)

47. "제가 기하광학적이라 부른 영역에서는 무엇보다 빛이 우리에게 이를테면 한 가닥의 실을 제공하는 것처럼 보입니다. [⋯] 이 실은 빛을 필요로 하지 않습니다. 그저 팽팽히 당겨진 실이기만 하면 됩니다. 그렇기 때문에 우리가 약간의 수고를 마다하지 않는다면 맹인도 우리가 하는 것을 얼마든지 따라할 수 있는 것이지요. 가령 우리는 그에게 일정한 높이에 있는 물체를 더듬어 보게 하고 그것으로부터 팽팽한 실을 따라가게 할 수 있겠지요. 그리고 손가락 끝으로 실을 더듬어 하나의 평면 위에서 일정한 배치 형태를 판독하는 법을 가르쳐 그가 이미지의 형태를 그대로 그려내게 할 수도 있을 겁니다. 이는 순수광학에서 비율은 다양해도 근본적으로는 동질적인 관계들, 이를테면 공간 속에서 하나의 점에 다른 하나의 점이 대응되는 관계를 머릿속에 그려볼 때와 똑같은 방식으로서, 결국은 언제나 두 점을 하나의 실 위에 위치시키는 것으로 귀착됩니다"(자크 라캉, 『세미나 11』, 앞의 책, 146~147쪽).

작용을 기억하게 됩니다. 즉 이들 감각 작용, 혹은 점들을 능숙히 결합해서 그것으로 도형을 형성하는 것이죠. 기하학자가 아닌 맹인에게 직선이란 팽팽히 당겨진 실의 방향으로 위치한 촉각의 일련의 감각 작용의 기억에 다름 아니며, 곡선은 볼록하거나 오목한 단단한 어떤 고체 표면에 대응하는 일련의 감각 작용의 기억에 다름 아닙니다. 기하학자는 연구를 통해 이 선들에서 찾은 속성들로 선의 개념을 수정합니다. 그런데 기하학자건 아니건 선천적 맹인은 모든 것을 자기 손가락 끝에 결부시킵니다. 우리는 색깔이 있는 점들을 결합합니다만 그는 만져질 수 있는 점들만을, 그러니까 더 정확하게 말하자면 그가 기억하는 촉각의 감각 작용만을 결합할 뿐입니다. 맹인의 머릿속에는 눈이 보이는 우리 머릿속에서 일어나는 것과 유사한 어떤 것도 일어나지 않습니다. 그는 전혀 상상하지 않습니다. 상상하기 위해서는 바탕에 색을 입혀, 점들의 색과 바탕색이 다르다는 전제로 바탕과 점들을 구분해 주어야 합니다. 이 점들을 바탕과 같은 색으로 칠해보십시오, 그 순간 점들은 바탕과 뒤섞여 버리고 도형은 사라져 버립니다. 적어도 제가 상상할 때는 이런 일들이 벌어지고 있으며, 제 추측으로는 타인들도 저와 다른 방식으로 상상하는 것은 아닙니다. 그러므로 제가 직선을 그것의 속성들과는 다른 방식으로 제 머릿속에 나타나게끔 한다면 저는 먼저 흰 바탕천을 덮고 동일한 방향을 따라 일련의 검은 점들을 배치하여 뚜렷이 나타나도록 합니다. 바탕과 점들의 색이 뚜렷이 부각될수록 저는 점들을 더욱 뚜렷이 알아볼 수 있습니다. 도형의 색이 바탕색과 아주 가깝다면 그 도형을 상상 속에서 주시할 때나, 제 외부의 바탕천에서 볼 때나 마찬가지로 피곤해집니다.

부인, 그러므로 다양한 색을 지닌 여러 물체들을 쉽게 동시에 상상하기 위해서 법칙들을 제시할 수 있을 테지만 이 법칙들을 선천적 맹인은 확실히 사용할 수 없음을 알게 되셨습니다. 선천적 맹인은 색을 입힐 수 없고 결과적으로 우리가 이해하듯이 형상을 부여할 수 없으니, 촉각을 통해 포착한 감각 작용만을 기억할 뿐입니다. 맹인은 이 감각 작용을 여러 점, 장소, 거리에 결부시키고 이를 통해 형상을 구성하는 것입니다. 대단히 분명한 것은 우리는 색을 입히지 않고서는 상상력으로 형상을 부여할 수 없고, 어떤 물질로 되어 있는지도 모르고 무슨 색인지도 모르는 작은 구체球體들을 어둠 속에서 만지게 된다면 우리는 곧장 그 구체들이 흰색인지 검은색인지 아니면 어떤 다른 색인지 가정하거나, 그 구체들에 아무런 색도 부여하지 않을 경우 우리는 선천적 맹인과 마찬가지로 손끝에서 일어나는 미세한 감각 작용의 기억을, 작고 둥근 물체가 일으킬 수 있는 그런 감각 작용의 기억만을 가지리라는 점이 분명합니다. 이 기억이 우리 내부에서 금세 사라진다면, 또 우리가 선천적 맹인이 촉각의 감각 작용들을 고정시키고 환기하고 결합하는 방식으로 관념을 갖는 것이 아니라면 그것은 눈으로 얻은 일련의 습관에 따라 상상력은 오로지 색을 통해서만 실행되기 때문입니다. 그런데 저는 강렬한 정념에 휩싸여 마음이 동요되었을 때 한 손 가득히 전율을 경험하고, 오래전에 제가 물체를 만졌을 때 느꼈던 자극이 그 물체가 지금 제 손 앞에 존재하기라도 하듯이 생생하게 되살아나는 것을 느끼고, 그 감각 작용의 범위는 부재하는 물체의 범위와 정확히 일치한다는 점을 분명히 알아냈던 일이 있습니다. 물론 감각 작용은 그 자체로 분할되는 것은 아닙니다. 그러나 이런 표현을 쓸 수 있다면 감각 작용은 연장을 갖는 공간을 차지하는 것이어서, 선천적 맹인은 감각을 통해 변화가 일어난 부분들을 커지게 하거나 작게 만들면서 사유의 힘으로 그 공간을 추가하거나 제거할 수 있는 능력이 있습니다. 그리고 선천적 맹인은 이런 방법으로 점, 평면, 입체를 구성합니다. 즉 그는 자기 손가락 끝이 지구만 한 크기이고 길이, 폭, 깊이를 갖는 감각 작용이 관여되었다고 가정한다면 지구만 한 거대한 입체도 구성해 볼 것입니다.

　설령 물체가 부재하여 맹인들에게 더 이상 작용하지 않을

지라도, 물체의 감각 작용을 느끼거나 기억하는 이러한 능력은 선천적 맹인들에게는 강하지만 우리에게는 약하다는 것만큼 내적 감각[48]의 존재를 증명해 주는 것이 없다고 봅니다.

· ·

48. 여기서 말하는 '내적 감각'은 섀프츠베리가 소우주와 대우주를 연결한다고 본 내심(inward sense)이 아니다. 섀프츠베리는 이 둘이 조화를 이룰 때 선과 미의 감각이 나온다고 한다(DPV, t. I, pp. 391~393). 그렇지만 디드로는 그 이야기를 그저 공상이라고 본다(소피 볼랑에게 보내는 편지, 1767년 10월 4일, CORR, VII, p. 163). 이것은 아리스토텔레스의 공통감각(koinè aisthesis)과 관련되어 있다. G. 로디에는 자신이 번역하고 주석을 붙인 『영혼론 De Anima』(Paris, 1900, 418a 18, t. II, pp. 265~268)에서 아리스토텔레스가 말하는 공통감각의 기능은 "공통된 감각적인 것들을 포착하고, 우리가 느낀다는 점을 깨닫게 해 주고, 다양한 종류의 감각적인 것들에 공통된 기능을 비교하고 구분하는 통일성을 갖는 것"이라고 썼다. 아리스토텔레스의 텍스트는 그것이 특별한 감각인지, 개별적인 감각들의 동반되거나 공통된 기능을 갖는 것인지 모호하게 남겨두었다. 그래서 우리는 다음과 같은 것을 지각하는 것이다. 1. 여러 감각에 공통적인 것(운동, 수, 형상, 크기). 2. 각각의 감각에 고유한 것(색, 소리, 냄새, 맛, 촉각). 3. 우리가 감각하고 있음을 감각하는 것. 기억이 감각 작용의 회복 정도라는 점에서 기억은 본문의 대목에서처럼 공통감각의 성격을 띤다. 앞서 든 첫 번째 문제, 즉 특별한 감각을 말하는 것인가라는 문제에 그 감각은 동물과 인간에게 공통적인가라는 두 번째 문제가 추가된다.(〈아름다운〉 항목, DPV, VI, p. 143) 다른 말로 하자면 어떤 추상화 과정, 어떤 지성적인 것이 함축되어 있는가의 문제이다. 이 점을 지적하기 위해 아리스토텔레스는 간혹 aisthesiov 이라는 용어를 사용할 때가 있는데 이 단어가 Sensorium (sensus intima, conscientia sensitiva)으로 번역된다.

이 Sensorium이라는 단어는 유물론적 해석에 적합하다. 라이프니츠-클라크의 유명한 논쟁(1715~1716)에서 라이프니츠는 뉴턴이 실체적인 공간을 신의 감각기관(Sensorium Dei)으로 만들었다고 비판한다. 결국 사유가 이루어지는 공간이 어디인지에 대한 연구가 관건이 된다. 『백과사전』이 저자를

우리가 상상력을 통해 어떻게 부재하는 물체를 마치 내 앞에

거명하지 않고 가져왔던 뒤마르세의 『철학자 *Le Philosophe*』(1743)에 따르면 사유는 "시각과 청각과 같은 하나의 감각"이고, "두뇌라는 실체만이 사유를 할 수 있다"는 점을 긍정한다(éd. Dieckmann, Saint-Louis, 1948). 라 메트리는 1745년에 발표한 『영혼의 자연사』에서 두뇌의 골수를 이루는 부분들의 순전히 기계적인 배치가 공통감각(*sensorium commune*)이라는 주장을 확인한다. 또한 콩디야크는 『인간지식기원론』(1부 1절 1장 §7)의 주석에서 *sensorium commune*라고 불리는 두뇌의 부분이 대상이 감각에 가하는 작용을 전달하는 부분이라는 점을 강조했다. 디드로는 『생리학기초』에서 한 문단을 할애해서 *sensorium commune*를 설명한다. 그러므로 『맹인에 대한 편지』가 내적 감각을 어떤 문맥에서 사용하는지 이해하는 것이 중요하다. (N)

『퓌르티에르 사전』에 따르면 내적 감각은 "철학자들이 두뇌 속에 존재한다고 상상했던 영혼의 내적 힘으로, 두뇌는 외부 감각을 자극했던 대상들의 모든 종류와 이미지를 수용해서 이를 정신에 알려주고, 정신은 이로써 그 대상들을 깨닫게 된다." 그러나 그는 바로 뒤에 "여러 사람들은 이 가정이 불필요하다고 본다"라고 덧붙이고 있다.

로크는 관념의 두 원천 중 하나로 "경험이 지성에 관념을 공급해 주는 다른 출처는 마음이 자신이 얻은 관념들에 관해 사용될 때 우리 안에 있는 우리 자신의 마음의 작용들에 대한 지각"을 들고 있다. "영혼이 이 작용들을 반성하고 고려하게 됨으로써 이 작용들은 지성에 또 다른 관념들의 집합을 제공하는데, 이 관념들은 외부 사물들에서 올 수는 없는 것들이다. 지각, 생각하기, 의심하기, 믿기, 추론하기, 알기, 의지 작용 그리고 우리 자신의 마음의 모든 다른 행동이 바로 이러한 작용들이다. 우리는 이 작용들을 의식하고 우리 안에서 관찰함으로써 구별되는 관념들을 이 작용들로부터 지성 안으로 받아들이는데, 이 관념들은 우리가 감관들에 영향을 미치는 물체에서 받아들이는 관념들과 매한가지로 구별되는 관념들이다. 모든 사람은 관념의 이 원천을 전적으로 자신에게 갖고 있다. 이 원천은 외부 대상과 아무런 관계가 없으므로 감관은 아니지만 감관과 매우 닮았으며, 그리하여 내적 감관이라고 부르기에 아주 충분하다"(로크, 『인간지성론 1』, II, 1 §4, 151쪽).

존재하는 것처럼 그려볼 수 있는지 선천적 맹인에게 이해시킬 수 있는 방법은 없습니다. 하지만 선천적 맹인이 그러하듯 손가락 끝으로 더 이상 거기 존재하지 않는 물체를 느끼는 그 능력이 우리 안에도 있다는 건 참으로 인정할 수 있습니다. 이를 위해서는 검지와 엄지를 서로 붙이고, 눈을 감은 뒤, 다시 두 손가락을 떼어 보십시오. 그렇게 손가락을 뗀 다음 즉각적으로 부인께 어떤 일이 일어나는지 살펴보시고, 감각 작용이 손가락이 더는 붙어 있지 않게 된 후에도 오랫동안 지속되었는지, 손가락이 계속 붙어 있는 동안 부인의 영혼은 손가락 끝보다 머릿속에 있지 않았는지,[49] 이렇게 손가락이 붙어 있을 때 감각이 점하고 있는 공간을 통해 부인께서 평면의 개념을 얻게 되지 않았는지 말씀해 보십시오. 우리는 자극의 강약을 통하지 않고는 우리 외부 존재들의 현전과 상상력 속에서 이들 존재의 재현을 구분하지 못합니다. 마찬

· ·

49. 이 문제는 『백과사전』의 〈보이지 않는(invisible)〉 항목(VIII, 864b~865a. 디드로의 서명은 없지만 그가 쓴 것으로 추정된다)에서 되풀이된다. "해결하기 어려운 문제는 맹인이 재현적인 관념들을 갖는지, 그 관념들을 어디에서 얻는지, 어떻게 얻는지의 문제이다. 한 대상의 재현적인 관념(idée représentative)에 따라 경계의 관념이 나오고, 경계의 관념에서 색의 관념이 나오는 것 같다. 풀기 어려운 문제는 맹인이 재현적인 관념들을 가졌는지, 그리고 그들은 그것을 어디에서 어떻게 가졌는지 하는 것이다. 어떤 대상의 재현적인 관념은 한계의 관념을 이끄는 것처럼 보인다. 맹인은 대상을 머리에서 보는가, 아니면 손가락 끝에서 보는가?"

가지로 선천적 맹인은 감각 작용 자체의 강약을 통하지 않고
는 자기 손가락 끝에 실제로 존재하는 물체와 감각 작용을
구분하지 못합니다.[50]

　언젠가 선천적 맹인이면서 농아인 철학자가 데카르트가
제시한 인간을 따라서 사람을 만든다면 저는 감히 부인께
그 철학자는 마음을 손끝에 둘 것이라고 확신합니다. 그의
주된 감각 작용과 지식들이 바로 그곳에서 나오기 때문입니
다.[51] 그렇다면 누가 생각의 장소는 머리라고 알려주겠습니

· ·

50. 흄은 『인간본성론』(1739)에서 "인간 정신의 모든 지각은 결국 서로 다른
　　두 종류로 되돌아갈 수 있다. 나는 그것을 자극(impressions)과 관념(idées)이
　　라고 부를 것이다. 이 둘의 차이는 지각이 정신을 자극하며 사상 또는
　　의식에 들어오는 힘과 생동성의 정도에 있다. 최고의 힘과 생동성을 가지고
　　들어오는 지각에 우리는 자극이라는 이름을 붙일 수 있다. 그때 감각,
　　정념 그리고 정감 등이 우리의 영혼에 처음으로 나타나는데, 여기선 이것들
　　을 모두 자극이라는 이름에 포함시킨다. 또한 나는 관념이라는 말로, 사고
　　및 추리에 쓰이는 이들 감각, 정념, 정감의 흐릿한 반영을 나타내고자
　　한다. 예컨대 그것은 이 논고를 통해 불러일으키는 지각 가운데 시각 및
　　촉각에서 비롯되는 약간의 것을 제외하고, 또 직접 야기되는 쾌감이나
　　불쾌감이니 하는 것이 있다면 그것을 제외한, 나머지 모든 지각을 뜻한다"
　　(흄, 『인간본성론』, 1부, 1장, 김성숙 역, 동서문화사, 2011, 18쪽)고 썼다.
51. 데카르트의 인간–석상의 개념이 기계론적 모델 문학을 가져왔다. 예를
　　들어 뷔퐁(『자연사』(t. III, 1749, p. 364), 콩디야크, 라 메트리가 이 모델을
　　따랐다. 더욱이 어느 시대든, 어느 곳에서든 영혼의 자리는 다양하게 제시되
　　었지만, 디드로의 말과는 반대로 이는 우리가 영혼을 이곳이나 저곳에서
　　느끼기 때문이 아니라, 영혼을 생명의 원칙, 생명의 중심으로 생각했기
　　때문이다. 프시케 개념의 포기는 주로 영혼을 '사유'의 원리로 삼은 데카르트
　　에게서 온 것이다.

까? 상상력의 작업으로 우리 머리가 지치고 만다면 우리가 상상하는 데 기울이는 노력이, 아주 가까이 놓였거나 아주 작은 대상들을 지각하기 위해 우리가 기울이는 노력과 아주 유사한 것이기 때문입니다. 하지만 선천적 맹인이면서 선천적 농아인 자의 경우는 이와 같지 않을 것입니다. 그가 촉각으로 얻게 될 감각 작용은 말하자면 그가 가진 모든 관념들의 주형鑄型일 것입니다. 그래서 깊이 생각을 한 뒤에 우리 머리가 무척 피곤해지는 것과 같이 그의 경우는 손가락이 피곤해질 것이라고 해도 저는 놀라지 않을 것입니다. 어떤 철학자[52]가

· ·

칸트는 『형이상학의 꿈으로 해명한 영을 보는 사람의 꿈』에서 "[…] 이 신체에서 당신의 영혼의 장소가 어디인지를 묻는다면, 나는 이 질문에 미심쩍은 어떤 것이 있지 않나 추측할 것이다. 사람들은 이 질문에 경험을 통해 알려진 것이 아니라 아마도 상상적 추론에 의한 어떤 것이 이미 전제되어 있다는 것을 쉽게 알아차릴 수 있기 때문이다. 즉 사유하는 내 자아가 나 자신에 속하는 신체의 다른 부분이 있는 장소와는 구별되는 장소에 있으리라는 것을 전제했음을 말이다. 그러나 아무도 자기 신체 속의 특정 장소를 직접적으로 의식하지는 못하며, 오히려 그가 인간으로서 주위 세계와 관계에서 차지하는 위치만을 의식한다. 따라서 나는 일상적 경험에 의지하여 당분간 내가 감각하는 곳, 거기에 내가 있다고 말하겠다. 나는 머리뿐만 아니라 손가락 끝에도 직접적으로 있다"(칸트, 『비판기 이전 저작 III』, 임승필 역, 한길사, 2021, 201쪽)고 썼다. (N)

52. 이 철학자는 라 메트리이다. "감각기관이 어떤 대상에 의해 자극될 때 감각기관의 구조에 들어와 있는 신경이 요동하고, 변화된 정기의 운동이 뇌의 감각중추까지 전달된다. 감각중추, 즉 감각적 영혼은 이 정기의 유입에 의해 감각 작용을 받아들인다. 정기의 운동이 감각적 영혼에 작용한다. 만약 어떤 물체가 감각신경에 강하고 깊은 인상을 준다면, 또 그 인상으로

신경이 우리의 감각 작용의 원인이며 모든 신경은 두뇌에서 나온다는 점을 들어 그를[53] 반박한대도 저는 신경 쓰지 않을 것입니다. 이 두 명제는 증명되지 않다시피 했고 특히 첫 번째 명제가 더욱 그러합니다. 그렇지만 증명이 된다고 해도 그 철학자는 자연학자들이 이에 대해 몽상했던 것을 따져보는 것으로 자기 생각을 충분히 고수할 것입니다.

하지만 맹인의 상상력이 만질 수 있는 점들의 감각 작용들을 기억하고 결합하는 능력에 다름 아니고, 눈이 보이는 사람의 상상력이 가시적이거나 색을 입힌 점들을 기억하고 결합하는 능력에 다름 아니라면, 선천적 맹인은 눈이 보이는

* *

인해 신경이 늘어나고 찢어지고 연소되고 끊어진다면, 영혼에는 더 이상 단순하지 않은 고통스러운 감각이 초래된다. 그런데 반대로 감각신경이 너무 약하게 자극되면 어떤 감각 작용도 일어나지 않는다. 따라서 감각기관이 작용하기 위해서는 감각기관의 성질이 가진 강약에 상응하는 운동을 대상이 전달할 필요가 있다'(라 메트리, 『영혼론』, ch. IX, 여인석 역, 섬앤섬, 156쪽).

53. 데카르트는 『인간론』에서 인간 신체와 기계를 비교하고, 두뇌 중심에 존재하는 영혼을 일종의 물탱크라고 본다. 두뇌에서 영혼의 자리는 『굴절광학』의 네 번째 담화에서 설명된다. "느끼는 것은 영혼이지 신체가 아니라는 점은 잘 알고 있다. 영혼이 황홀에 빠지거나 명상에 집중하면서 생각의 방향을 바꾸게 되면 신체 전체는 감정 없이 남는다. 신체에 그것을 자극하는 다양한 대상들이 있더라도 그렇다. 그리고 영혼이 느끼는 것은 그것이 외부 감각을 받아들이는 감각기관으로 쓰이는 팔다리 속에 있어서가 아니라, 공통감각이라고 불리는 이 능력을 영혼이 실행하게 되는 두뇌 속에 있기 때문이다." (D)

우리보다 훨씬 더 추상적인 방식으로 사물을 지각하고, 순수하게 사변적인 문제에서는 아마 오류를 덜 범하리라는 결론이 나옵니다. 추상화란 사유를 통해 물체와 감각적 특징들을 서로 분리하거나, 그 특징들을 근거로 한 물체와 분리하는 것이기 때문입니다. 이러한 분리가 잘못 이루어졌거나 부적절하게 이루어졌을 때 오류가 생깁니다. 형이상학의 문제에서는 분리가 잘못 일어난 것이고, 물리수학physico-mathématiques의 문제에서는 이 분리가 부적절하게 이루어진 것입니다. 형이상학에서 십중팔구 오류를 범하게 된다면 연구 대상들을 충분히 단순화하지 않았기 때문이고, 물리수학에서 반드시 잘못된 결과를 범하는 원인은 그 결과를 실제보다 덜 복잡한 것으로 간주했기 때문입니다.[54]

극히 적은 사람들만 가능한 추상화가 있는데 이는 순수지성을 가진 사람들에게만 제한되어 있는 것 같습니다. 이런 추상화를 통해서 모든 것은 수의 단위로 환원될 것입니다.

• •

54. 뷔퐁은 물리수학을 구성할 수 있는 가능성에 대해 질문하면서 "수학과 자연학의 이러한 결합이 대단히 소수의 사람들에게만 제한되어 있음은 사실이다. 이를 위해서 우리가 설명하고자 하는 현상들은 추상적인 방식으로 고려될 수 있어야 하고, 본성상 그 현상들은 거의 모든 자연적인 특질들을 상실하게 된다. 현상들이 조금이라도 복잡하다면 계산은 더 이상 적용될 수 없기 때문이다(『자연사를 연구하고 논하는 방식 De la manière d'étudier et de traiter l'Histoire naturelle』[1749], Œuvres, Bibliothèque de la Pleiade, p. 63). (D)

이 기하학의 해^解는 대단히 정확하고, 식^式은 널리 적용되리라는 점을 인정해야 합니다. 자연에서든 가능한 세계에서든 점, 선, 면, 입체, 사고, 관념, 감각 작용 등등을 이런 단순한 단위로 재현할 수 없는 대상은 없기 때문이며, 그것이 혹시라도 피타고라스 원리의 토대였다면 그의 계획이 좌초되고 말았던 것은 이런 식으로 그가 철학하는 방식이 우리 능력을 월등히 벗어나는 일인 데다가, 어느 영국 기하학자의 천재적인 표현을 빌자면 우주를 영구히 기하학화하는_{géométriser} 지고한 존재[55]의 방식과 아주 가까웠기 때문입니다.

• •

55. 이 기하학자는 조셉 랩슨(Joseph Raphson, ?~1712?)이다. 디드로는 『맹인에 대한 편지』 말미에 인명 색인을 붙였는데, 저작에서 직접 여러 번 언급되는 손더슨과는 달리 알파벳 순서로 정리된 인명 색인에만 이름이 올라 있다. 이렇듯 텍스트 외부에서 그의 이름이 언급되는 이유는 확실치 않다. 마리보 역시 본문에서 이름이 드러나지 않고 목차에서만 언급되지만, 전혀 논쟁적이지 않다.

　디드로의 이 저작을 다룬 여러 판본에서 랩슨의 생애는 잘 알려지지 않았다고 언급되고 만다. 수학과 학생들은 방정식의 수적 풀이를 설명하는 "뉴턴–랩슨 방법"이라는 용어로 그의 이름을 알고 있지만, 그의 생애는 거의 알려지지 않았다.

　랩슨 저작의 2판은 새로운 텍스트(『실제 공간 혹은 무한 존재. 수학과 형이상학적 시론 De spation reali, seu ente infinito conamen Mathematico-Metaphysicum』, Londres, Tho. Braddyll, 1697)가 추가된 것으로 이것만이 우리가 접근할 수 있는 판본이며, 디드로가 『맹인에 대한 편지』에서 인용하는 텍스트가 이것으로, 원문은 "우주를 영구적으로 기하학화하는 지고한 존재만큼이나 사물들 그 자체를 끊임없는 지식의 진보 가능성을 제공해주는 [문제들]"(위의 책, p. 95. 쿠아레, 『닫힌 세계로부터 무한한 세계로 우리로서는 이런 순수하고 단순한 단위란 지나치게 모호하고 지나치게 일반적인 상징이라고 할 것입니다.[56] 우리의

• •

Du monde clos à l'univers infini」, p. 245에서 재인용)이다. 이 문장은 랩슨 저작의 마지막 부분이므로, 디드로가 이 책을 전부 읽었는지는 생각해 볼 문제이다. 랩슨의 『실제 공간 *De spatio reali*』은 정통교리에 충실하지만, 그는 난해하고 압축적인 라틴어에 유물론과 무신론적 관점의 논의를 숨기고 있다. 디드로는 『맹인에 대한 편지』에서 이신론자였던 사무엘 클라크를 여러 번 언급하고 있는데, 클라크는 랩슨을 무신론자로 본 것 같다. 그의 이름을 직접 거명하지는 않지만 무한한 공간과 신의 본질을 동일시하는 그의 입장을 공격하고 있기 때문이다. 우리에게는 그 시대 과학의 맥락에서 무신론의 재정의와 재평가가 필요해 보인다. 디드로가 취한 입장은 확실히 이 점을 드러내 준다.

랩슨은 유물론자였던 스피노자와 바니니를 인용하는 것과 같이 간혹 히브리어 신비철학자들을 히브리어로 직접 인용한다. 쿠아레는 앞의 책에서 랩슨에게 한 장을 할애하는데, 쿠아레에 따르면 랩슨은 우주에서 운동하는 물체들의 총질량을 한정된 것으로 본 반면 우주를 신의 속성으로 보았다. 그러므로 랩슨은 세계와 신으로서의 실제 무한의 차이는 물질과 신의 연장의 차이와 같다고 본다. 라이프니츠의 비판의 적합성을 볼 수 있는 곳이 여기다. 뉴턴의 절대 공간이 신의 감각기관(*sensorium de Dieu*)이라는 비판 말이다. 사실 뉴턴은 자신을 난처하게 만드는 제자들과 거리를 두었다. 디드로는 『맹인에 대한 편지』에서 무한과 공간의 문제는 논의하지 않고 남겨두었으나 이후 『달랑베르의 꿈』에서 이 문제를 다시 취하게 된다. 디드로가 뷔퐁을 통해 랩슨에 대한 이야기를 들었을 수 있다는 점이 불가능하지는 않다. 뷔퐁은 뉴턴의 『유율법과 무한수열』을 번역하다가 랩슨을 발견했을 수 있었을 테니 말이다. 뷔퐁의 관심을 끌었던 것은 랩슨이 우주에서 무한을 다룬 방식일 수 있는데, 확률론에 대한 그의 작업은 확률 계산의 무한함을 제거하려는 곳이었을 수 있기 때문이다. 뷔퐁은 이 문제를 기하학적으로 공간의 사례를 통해 다루고 있다. 디드로는 수학적 형식화와 그것과 기하학과의 관계를 깊이 생각했다. 시각 대상은 방정식을 통해 재현될 수 있고, 계산은 촉각의 감각 작용을 통해 이루어질 수 있다. (GF)

오감은 우리 정신 능력의 폭과 신체 기관의 구조에 더욱 유사한 기호들을 사용하도록 합니다. 즉 우리는 이들 기호가 우리들에게 공유될 수 있도록, 또 우리가 가진 관념들을 상호 교환할 수 있는 창고처럼 기능하도록 노력을 기울였습니다. 눈을 위해 확립한 기호들이 문자이며, 귀를 위해 확립한 기호들이 분절음입니다. 하지만 촉각을 위해서는 어떤 기호도 확립한 것이 없습니다. 물론 촉각에 대고 말하고 답변을 얻을 수 있는 적절한 방법이 존재는 하지만 말이죠. 우리는 이 언어를 갖지 못해서 선천적으로 귀머거리, 맹인, 벙어리로 태어난 사람들과 의사소통이 완전히 단절된 것입니다. 그들은 성장은 하지만 여전히 저능한 상태에 머물러 있습니다. 그들의 어린 시절부터 확실하고 일정하고 지속적이고 일관된 방식으로 그들에게 우리의 뜻을 전했다면, 한마디로 말해서 우리가 종이 위에 그리는 문자들을 그들의 손에 그려주고, 그래서 그들에게 같은 의미가 변함없이 유지되었다면 그들은 아마 관념을 얻을 수 있었을 것입니다.

<hr />

56. 뷔퐁은 뉴턴 저작의 번역 서문에서 수적 단위의 추상적인 성격을 알린다. "이 수들은 단지 재현일 뿐이고, 그것이 재현하는 사물과 독립하여 존재하지 않는다. 그 수들을 나타내는 성격들은 그 수들을 실재하게 만들지 않으며, 그 수들에는 주체, 더 정확히 말하자면 그 수들이 존재할 수 있도록 재현해야 하는 주체의 집합이 필요하다. 나는 실재를 가질 수 없는 지성적인 존재를 말하는 것이다"(Paris, De Bure l'aîné, 1740, p. ix). (D)

부인, 부인께서는 이런 언어가 다른 언어만큼 편리하다는 생각이 들지 않으십니까? 심지어 완전히 창안된 것이지 않습니까? 이런 촉각의 방식으로는 누구도 부인께 아무 뜻도 전할 수 없으리라고 확신하실 수 있을까요?[57] 그래서 보통 글로 쓰는 문자들을 통한 표현을 촉각은 지나치게 느리게 받아들이게 되지 않느냐고 생각한다면 관건은 언어를 고정시키고 그 언어의 문법과 사전을 만드는 일 뿐입니다.

지식은 세 개의 문을 통해 우리 영혼에 들어옵니다. 우리에게는 기호가 없어서 그중 하나의 문이 막혀 있습니다. 다른 두 개의 문도 도외시했다면 우리는 동물의 조건으로 귀결하고 말았을 것입니다. 촉각으로 우리 뜻을 이해시키려면 바짝

• •

57. 뷔퐁은 『동물들의 자연사 *Histoire naturelle des animaux*』에서 두더지의 시력이 대단히 약하지만 성욕이 대단히 강하다는 점을 보여준다. "두더지는 눈이 전혀 보이지 않는 것은 아니지만 아주 작은 눈을 갖고 눈은 대단히 가려져 있으니 시각 감각을 많이 활용할 수 없다. 이에 대한 보상으로 자연은 두더지에게 육감을 기가 막힐 정도로 사용하도록 했다. 저장소와 맥관(脈管)으로 쓰이는 엄청난 기관, 엄청난 정액의 양, 거대한 고환, 과도하게 긴 성기가 몸 안에 은밀히 숨겨져 있고, 그래서 더욱 격렬하고 뜨겁다. 이런 점에서 두더지는 동물들 중에 가장 이득이 되는 능력을 받은 동물이고, 그 기관들을 가장 잘 갖춘 동물이다. 그래서 그 기관들과 관련된 감각 작용을 풍부히 갖는다. 더욱이 두더지는 섬세한 촉각을 가졌고, 털은 비단처럼 부드럽다. 두더지의 청각은 대단히 섬세하고, 작은 손에는 다섯 개의 손가락이 있는데 다른 동물들의 발과는 극단적으로 다르고, 오히려 거의 인간의 손을 닮았다"(*Œuvres*, Bibliothèque de la Pléiade, 앞의 책, p. 812). (D)

다가서야 하듯이 귀에 대고 말하려면 고함을 지르면 될 일입니다. 부인, 감각 하나를 갖추지 않았어야 갖고 있는 다른 나머지 감각들에 귀속된 상징들의 장점을 알게 됩니다. 불행히 귀머거리, 맹인, 벙어리가 되거나, 어떤 사고로 이 세 감각을 잃은 사람들은 촉각을 위한 분명하고 정확한 언어가 있다면 대단히 기쁠 것입니다.

별안간 필요에 의해 어쩔 수 없이 상징을 사용하지 않을 수 없을 때는 상징을 창안하는 것보다는 이미 창안되어 있는 상징을 쓰는 편이 훨씬 더 빠른 것입니다. 손더슨이 스물다섯 살에 촉각의 산술을 생각해 내었던 대신 다섯 살 때 그러한 산술이 온전히 마련되어 있다는 것을 알았다면 그에게는 얼마나 큰 이득이었을까요? 부인, 이 손더슨이라는 사람은 또 다른 맹인으로, 이참에 부인께 지금 그의 이야기를 드려볼까 합니다.[58] 그를 두고 기적이란 말들을 합니다. 문예에서

• •

58. Nicholas Saunderson(1682~1739). 영국의 맹인 수학자로 케임브리지대학 교수로 재직했고 『기초 대수학 The Elements of Algebra』(1740), 『미적분 방법론 The Methode of Fluxions』(1756) 등의 저작이 사후 출판되었다.

볼테르는 『뉴턴 철학의 기초 Eléments de la philosophie de Newton』(1738)를 쓰던 시기에 케임브리지대학에서 가르쳤던 수학자들에게 면밀한 관심을 보였다. 티에리오에게 보낸 편지(1738년 8월 14일자)에서 볼테르는 많은 책을 화물로 보내달라고 부탁한다. 그 책들의 목록에는 사후 출판된 손더슨의 저작뿐 아니라, 로저 코츠(Roger Cotes, 1682~1715)와 로버트 스미스(Robert Smith, 1689~1768)의 저작들도 포함되어 있다. 후자는 1738년에 케임브리지

그가 얼마나 앞서갔고 수학에서 얼마나 능숙했는지, 도대체 믿어지지 않는 기적이 아닐 수 없습니다.[59]

＊＊

에서 『광학의 전 체계 A Compleat System of Opticks』를 출판했고, 로저 코츠의 저작을 편집해서 출판했다. 볼테르는 티에리오에게 보낸 편지에서 "저 유명한 손더슨 씨는 색의 이론을 대단히 잘 이해한 맹인인 것 같습니다. 영국에서 매일 태어나는 경이로운 사람들 중 한 분입니다"라고 썼다. 반면 디드로는 색의 이론에 대해서는 거의 언급하지 않았다. 디드로가 관심을 가졌던 부분은 시각 작용의 기하학적 양상이었고, 색은 형상의 시각 지각에 영향을 준다고 보았다.

볼테르는 디드로가 증정한 『맹인에 대한 편지』를 받고 감사 편지를 보내면서, 1748년에 2판이 나온 그의 『뉴턴 철학의 기초』를 발송한다. 디드로에게 보낸 편지에서 볼테르는 "저는 손더슨의 의견에 전혀 동의하지 않는다고 당신에게 고백합니다. 손더슨은 맹인으로 태어났기에 신을 부정하지요. 제가 아마 잘못 생각하고 있는 것인지 모르지만 제가 그의 입장이라면 제게 시각을 충분히 보충해 주었을 대단히 지성적인 존재를 인정했으리라 생각합니다. 사유를 통해 만물 속의 무한한 관계를 지각하면서 무한히 능숙한 장인(匠人)이 존재하지 않을까 생각했을 겁니다." 이 편지의 답장에서 일견 디드로는 볼테르의 의견에 동의하는 것 같아 보인다. "보통 제 속에서 신의 존재를 가리는 증기들이 솟는 것은 밤 동안입니다. 해가 뜨면 늘 그 증기는 사라지게 되지요"(CORR, I, p. 76). 볼테르에게 보낸 편지에서 밤은 우선 신의 부재를 나타낸다. 그러나 디드로는 바로 뒤에 손더슨의 말을 빌려 다른 논의를 전개한다. "신체적인 존재는 정신적인 존재와 독립적이고 마찬가지로 정신적인 존재는 신체적인 존재와 독립적입니다. 두 존재가 서로 어울려 우주를 구성하고 우주는 곧 신인 것이지요"(CORR, I, p. 77). 디드로는 볼테르에게 보낸 편지에서 우주와 신의 동일시라는 대단히 고전적인 생각에 머물지 않고, 더욱 강력한 방식으로 조화로운 세계라는 생각을 버리고 오히려 질서를 갖추지 못한 세계를 제시하게 된다. (GF)

59. 손더슨의 에피소드는 세 시기로 구분된다. 바로 위에서 상징들의 가치를 언급했던 디드로가 상징과 손더슨이 고안한 기계들을 연결하는 부분이 첫 번째 부분이고, "그의 생애를 기록했던 사람들의 말에 따르면"부터

그는 같은 기계를 사용해서 대수 계산도 하고 직선도형도 설명했습니다. 부인께서 이 점을 이해하실 수 있으시니까 이런 설명을 해드리는 것이니 난처하실 필요 없으십니다. 곧 알게 되시겠지만 이 설명은 사전지식을 요구하지 않으며 만에 하나 부인께서 손으로 더듬으며 긴 계산을 해보고자 할 마음이 생기신다면 부인께 대단히 유용하실 겁니다.

〈도판 2〉에서 보시게 될 사각형 하나를 생각해 보십시오. 이 사각형은 각 변에 수직선을 그어서 같은 크기의 네 부분으로 나눌 수 있고, 그렇게 되면 1, 2, 3, 4, 5, 6, 7, 8, 9의 아홉 개의 점이 생깁니다. 이 사각형에 아홉 개의 구멍을 뚫는데 이 구멍에는 두 종류의 핀이 들어갈 수 있습니다. 핀은 길이도 동일하고 굵기도 동일하지만 한 종류의 핀이 다른 종류의 핀보다 머리가 더 큽니다.

◦ ◦

"저 비범한 이를 무덤까지 따라가 봅시다"까지가 손더슨의 생애를 간략히 요약하고 있는 두 번째 부분이고, "손더슨의 임종이 다가오자"부터 "영국에는 […] 광학론 강의를 할 수 있는 사람들을 매일같이 만날 수 있답니까?"까지가 손더슨의 죽음에 대해 말하는 세 번째 부분이다.

첫 번째 부분은 케임브리지대학에서 손더슨의 후임자였던 존 콜슨(John Colson)의 『기초 대수학 Dr Saunderson's Palpable Arithmetic decypher'd. The Element of Algebra』(Cambridge University Press, 1740, pp. xx–xxvi)에서 발췌한 것이다. 존 콜슨은 사망한 손더슨의 집에서 기계들과 도구들을 발견해서 손더슨의 방법을 재구성했을 수 있다. 손더슨은 이에 대해 설명서를 전혀 남기지 않았다. 손더슨의 친척과 친구들은 그 원리를 설명할 수 없었으니 그의 솜씨와 빠른 계산 속도를 언급하는 것으로 만족했다. (N)

굵은 머리 핀은 사각형의 중앙에만 들어갈 수 있고, 작은 머리 핀은 변에만 놓이는데, 단 한 가지 예외는 0의 경우[60]로, 0은 변에는 핀을 두지 않고 작은 사각형 중앙에만 큰 머리 핀을 놓아 표시합니다. 숫자 1은 변에 핀을 두지 않고 사각형 중앙에 작은 머리 핀을 두어 표시합니다. 숫자 2는 사각형 중앙에 굵은 머리 핀을 두고, 변 위의 점 1에 작은 머리 핀을 두어 표시합니다. 숫자 3은 사각형 중앙에 굵은 머리

· ·

60. 존 콜슨의 설명을 옮긴 이 부분에는 한 가지가 추가되었고 한 가지 오류가 있다. "사각형 하나를 생각해 보십시오"의 부분은 디드로가 덧붙인 것으로, 그는 아홉 개의 구멍이 있다고 주장하면서 이를 임의로 숫자화했다. 오류는 0의 설명인데, 그는 0 대신 1이라고 했어야 한다. 이는 식자공의 오류였을까, 디드로의 실수였을까? 이 문단의 뒷부분은 『대수학 기초』의 p. xxii을 거의 그대로 번역한 것이다.

굵은 머리 핀을 중앙에 배치하는 것이 10번째 가능성이며, 이를 통해 10진법 연산이 가능해진다. 크리스티안 볼프는 『수학 강의』(1747, t. I, pp. 71~79)에서 콜슨의 텍스트를 거의 그대로 번역했다. 여기서 디드로가 제시한 것과 거의 유사한 사각형이 제시되어 있으나, 이 사각형의 숫자는 작은 머리 핀의 자리에 따라 붙인 것(작은 머리 핀이 사각형의 중앙에 들어가면 1, 그리고 1 바로 위에 2를 두고, 시계방향으로 9까지 배치한다)으로, 이 경우 이후 내용이 더 쉽게 설명된다. 수학자 장 에티엔 몽튀클라(Jean–Etienne Montucla, 1725~1799)는 자크 오자남(Jacques Ozanam, 1640~1717)의 『수학과 자연학의 여흥 Récréations mathématiques』을 편집해서 출판(1778)하는데 여기서 〈촉각산술학 혹은 맹인의 경우나 어둠 속에서 실행할 수 있는 산술의 방법〉을 기술하면서 "우리의 대수학에서 큰 역할을 하는 부호가 있으니, 바로 0이다. 모든 자리를 비워둔 채로 남겨두는 것이 가장 단순한 방법일 수 있다. […] 그는 손을 더 잘 움직일 수 있는 능력이 있어서 굵은 머리 핀을 두어 이를 설명했다." (N)

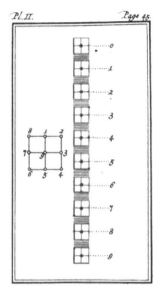

〈도판 2〉

핀을 두고, 변 위의 점 2에 작은 머리 핀을 두어서, 숫자
4는 사각형 중앙에 굵은 머리 핀을 두고, 변 위의 점 3에
작은 머리 핀을 두어서, 숫자 5는 사각형 중앙에 굵은 머리
핀을 두고 변 위의 점 4에 작은 머리 핀을 두어서, 숫자
6은 사각형 중앙에 굵은 머리 핀을 두고, 변 위의 점 5에
작은 머리 핀을 두어서, 숫자 7은 사각형 중앙에 굵은 머리
핀을 두고, 변 위의 점 6에 작은 머리 핀을 두어서, 숫자
8은 사각형 중앙에 굵은 머리 핀을 두고, 변 위의 점 7에

작은 머리 핀을 두어서, 숫자 9는 사각형 중앙에 굵은 머리 핀을 두고, 변 위의 점 8에 작은 머리 핀을 두어 표시합니다.

이상이 촉각을 위해 마련된 각기 다른 열 가지 표현입니다. 각각은 우리가 쓰는 열 가지 산술 부호 가운데 하나에 해당합니다. 이제 원하시는 대로 아주 큰 작업대를 생각해 보십시오. 이 작업대는 〈도판 3〉에서 보듯이 수평으로 배열되고 서로 동일한 거리로 구분된 작은 사각형으로 나뉘어 있습니다. 이제 부인께서 손더슨의 기계를 보시기 바랍니다.

부인께서는 이 작업대 위에 무슨 숫자라도 기록할 수 있고, 그 결과 모든 산술적 연산을 실행할 수 있음을 쉽게 알게 되셨습니다.

예를 들어 다음 아홉 개 수의 합을 구하거나 이를 합산한다고 합시다.

1	2	3	4	5
2	3	4	5	6
3	4	5	6	7
4	5	6	7	8
5	6	7	8	9
6	7	8	9	0
7	8	9	0	1
8	9	0	1	2
9	0	1	2	3

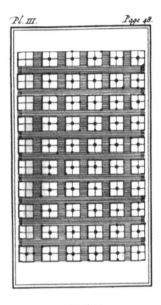

〈도판 3〉

저는 이들 숫자를 제게 불러주는 대로 작업대에 적습니다. 첫 번째 수 왼쪽에 첫 번째 숫자기호를 두는데, 이 숫자기호는 첫 번째 줄 왼쪽 첫 번째 사각형에 놓입니다. 첫 번째 수 왼쪽에 두 번째 숫자기호를 두는데, 이 숫자기호는 같은 줄 왼쪽 두 번째 사각형에 놓입니다. 이런 식으로 계속합니다.

두 번째 수를 두 번째 줄 사각형에 적습니다. 일의 자리는 일의 자리에, 십의 자리는 십의 자리에 둡니다. 세 번째 수를 세 번째 줄 사각형에 적고, 〈도판 3〉에서 볼 수 있듯이 이런 식으로 계속합니다. 다음에 손가락으로 가장 오른쪽[61] 열에서 시작해서 아래에서 위로 수직으로 향한 열을 따라 이동시켜서 그 열에 제시된 숫자를 합산하고, 십의 자리를 넘은 수를 세로 열의 아래쪽에 적습니다. 그다음에는 왼쪽으로 이동해서 두 번째 세로 열로 넘어가 같은 방식으로 계산을 합니다. 그리고 두 번째 세로 열에서 세 번째 세로 열로 나아가고, 이런 식으로 계속하면서 합산을 마칩니다.

다음에는 그가 똑같은 작업대를 사용하여 어떻게 직선도형의 속성을 보여주었는지 말씀드리겠습니다. 밑변이 같고, 높이가 같은 평행사변형들은 면적이 항상 동일하다는 점을 증명해야 한다고 가정해 봅시다. 그는 〈도판 4〉에서 보시는 것처럼 핀을 배치했습니다. 각을 이루는 점마다 이름을 붙여서 손가락으로 이를 증명하는 데 성공했습니다.[62]

∴

61. 미셸 들롱은 〈도판 3〉의 마지막 열의 수 498761(디드로의 〈도판 2〉가 아니라 콜슨의 방식을 따랐다)이 그 위의 아홉 개의 수의 합이므로, 연산은 "가장 왼쪽"이 아니라 "가장 오른쪽"에서 이루어지는 것이 옳으므로, 디드로의 텍스트를 오른쪽으로 정정했다. 본 번역도 이를 따라 "오른쪽"으로 고쳤다.

62. 〈도판 4〉에서 맨 아래 사각형 다섯을 밑변으로 하고 그 위로 사각형 셋을 높이로 하는 직사각형이 하나 보인다. 이 직사각형을 ABCD라고 해보자. 그런데 그 위에 BC를 밑변으로 하는, AD와 같은 길이를 가진 EF를 가정해 보면 이번에는 평행사변형 BDEF를 얻을 수 있다. 그런데 CF가 AB를 정확히 동일한 두 부분으로 나누고, 이 점을 G라고 한다면 왼쪽 아래 삼각형 ADG와, 오른쪽 아래 삼각형 BCG는 합동임을 알 수 있다. 이런 식으로 평행사변형의 넓이를 구할 수 있다.

〈도판 4〉

　손더슨이 도형의 경계를 지시하는데 굵은 머리 핀만을 사용했다고 가정해 본다면 그는 굵은 머리 핀들 주위에 작은 머리 핀을 아홉 가지 상이한 방식으로 배치할 수 있었는데, 이들 방식은 그에게 대단히 익숙한 것이었습니다. 그래서 그가 이 증명을 위해 각을 이루는 수많은 점들을 거명해야 했던 경우에 알파벳 문자를 쓰지 않을 수 없었을 때가 아니라면 어려움을 겪지 않았습니다. 그렇지만 그가 알파벳 문자를 어떤 식으로 사용하였는지는 알려진 바 없습니다.

우리가 알고 있는 것은 그가 손가락을 놀랄 만큼 재빨리 움직여 작업대를 훑고는 아주 긴 계산을 성공적으로 수행했고, 계산을 중단하고 틀린 것을 찾아낼 수 있었고, 계산을 쉽게 검산했고, 그가 작업대를 대단히 편리하게 준비했기에 많은 경우 예상했던 것만큼의 시간이 필요하지 않았다는 것입니다.

　여기서 준비란 것은 모든 사각형 중앙에 굵은 머리 핀을 두는 것을 말합니다. 이렇게 해두면 작은 머리 핀으로 값만 정하면 되었습니다. 물론 일의 자릿수를 써야 할 때를 제외해야 합니다. 그럴 때는 굵은 머리 핀이 들어간 사각형의 중앙에 작은 머리 핀을 두었습니다.

　간혹 핀들을 이어 선을 만드는 대신 각을 이루는 점이나 교차점에 핀을 배치하고 그 둘레에 명주실을 고정시켜 도형의 경계를 만드는 것으로 그치곤 했습니다. 〈도판 5〉를 보시기 바랍니다.

　손더슨은 기하학을 용이하게 연구할 수 있게 해 주었던 몇 가지 다른 기계도 남겼지만 그가 그것들을 어떻게 사용했는지는 알려지지 않았습니다. 그 기계들의 사용법을 알아내는 데는 아마 적분 문제를 푸는 것 이상의 통찰력이 필요할 것입니다. 누구라도 기하학자분께서 그가 사용했던 네 개의 나무 조각의 용도를 우리에게 알려주시기를 바랍니다. 이는

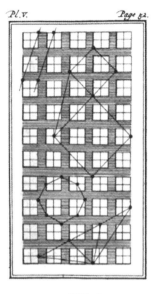

〈도판 5〉

단단하고, 장방형 평행육면체 모양인데, 길이가 11푸스, 너비가 5푸스, 두께가 반^半푸스[63]를 약간 상회하는 크기로, 서로 마주하는 큰 두 면은 제가 앞서 설명드린 계산 작업대의 사각형을 닮았습니다. 차이가 있다면 이 사각형들은 핀이 머리까지 들어간 몇몇 장소에만 구멍이 뚫려 있다는 것입니다. 각 면에는 아홉 개의 작은 산술 계산대가 보이는데, 각각

----

63. 원문은 각각 11푸스(pouce, 29.5cm), 5½푸스(14.85cm), ½푸스(1.35cm)로 되어 있다. 1pouce는 2.7cm에 해당한다.

열 개의 수를 가리키고 있고, 이 열 개의 수 하나하나는 열 개의 숫자로 구성되어 있습니다. 〈도판 6〉은 이 작은 계산대 중 하나를 제시한 것으로, 아래가 그것에 포함된 숫자들입니다.

9	4	0	8	4
2	4	1	8	6
4	1	7	9	2
5	4	2	8	4
6	3	9	6	8
7	1	8	8	0
7	8	5	6	8
8	4	3	5	8
8	9	4	6	4
9	4	0	3	0

그는 자기 분야에서 대단히 완벽한 저작을 썼습니다. 『대수학 기초』가 그것인데 몇몇 증명들은 눈이 보이는 사람이라면 아마 생각하지도 못할 정도로 특별했기에 저자가 맹인이었다는 것을 알아차리게 됩니다. 입방체를 여섯 개의 동일한 각뿔로 나누는데, 그 각뿔들의 꼭짓점들이 입방체 중앙에 모이며, 각각의 밑변이 입방체의 면이 된다는 것을 바로 그가 발견했습니다. 이를 통해 모든 각뿔은 동일한 밑변과 동일한 높이의 각기둥의 3분의 1임이 대단히 쉽게 증명됩니

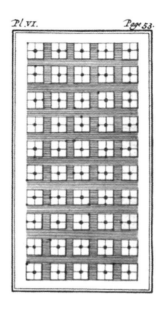

〈도판 6〉

다.[64]

    그는 수학에 끌려서 연구를 하게 되었는데, 재산이 넉넉하
지 않았고 친구들의 권유도 있어서 공개강좌를 맡게 되었습
니다. 그는 기가 막힐 정도로 쉽게 설명을 했으니 친구들은
손더슨의 기대 이상으로 성공을 확신했습니다. 사실 손더슨
은 수강생들에게 그들이 눈이 보이지 않기라도 했듯이 설명

64. 이 내용은 〈『맹인에 대한 편지』의 추가〉에서 반복된다. (본서 160쪽)

했습니다. 하지만 맹인들에게 명확히 설명할 수 있는 맹인은 눈이 보이는 사람들과도 잘해 나갈 것임이 틀림없습니다. 눈이 보이는 사람들은 망원경을 하나 더 갖게 된 셈이니까요.

그의 생애를 기록했던 사람들의 말에 따르면 그가 탁월한 표현[65]들을 풍부히 사용했다고 합니다. 정말 그랬을 법합니다. 부인께서는 아마 탁월한 표현이라는 말이 무슨 뜻인지 물으시겠지요? 부인, 저는 탁월한 표현이란 한 가지 감각, 예를 들면 촉각 고유의 표현이면서, 동시에 다른 감각, 예를 들면 시각에는 은유적인 표현이라고 답하겠습니다. 이런 이유로 그런 말을 듣는 사람은 이중의 빛une double lumière을 느끼게 됩니다. 하나가 표현의 실제적이고 직접적인 빛이라면 다른 하나는 반사되어 나타나는 은유의 빛입니다. 이 경우에 손더슨이 아무리 뛰어난 재기를 가졌던들 절반밖에 이해하지 못했음이 분명한데, 그는 사용하는 용어들에 결부된 관념들의 절반만을 알아보았기 때문입니다. 하지만 누구라도 가끔씩 이와 같은 경우에 처하게 되지 않습니까? 이런 우연은 때때로 탁월한 농담을 하는 백치들이나, 그 누구보다 탁월한 재기를 가졌으면서도 자기도 모르게 바보짓을 하는 사람들에게 공통된 것입니다. 어느 쪽이나 이를 알아차리지

• •

65. [expressions] heureuses. "좋은, 훌륭한, 그 분야에서 드문."(『아카데미 사전』, 1762)

못하는 것도 같지요.

저는 언어에 아직 익숙하지 않은 외국인들에게도 어휘 부족이 같은 결과를 만들어 낸다는 점에 주목했습니다. 외국인들은 아주 적은 수의 어휘로 모든 것을 표현해야 하므로, 몇몇 어휘를 탁월하게 배치하지 않을 수 없습니다. 그렇지만 일반적으로 무슨 언어든 강렬한 상상력을 갖춘 작가들에게는 적절한 단어가 부족할 수밖에 없어서 이들 작가와 재기 넘치는 외국인들은 똑같은 상황에 처해 있다고 하겠습니다. 그들이 창안한 상황들이며, 성격에서 발견하는 미묘한 차이들, 그려내야 할 꾸밈없는 그림들로 인해 그들은 보통 말하는 방식을 항상 벗어나게 되고, 문장들에 특유의 표현법을 들여앉히지 않을 수 없습니다. 이런 표현법은 지나치게 꾸미거나 난해하지만 않으면 언제나 훌륭한 것입니다. 재기가 더욱 넘치는가, 언어의 지식이 덜한가의 정도에 따라 어렵잖게 받아들일 수도 있고 그렇지 않을 수도 있는 결함이기는 하지만 말입니다. 바로 이런 이유로 M***씨[66]가 프랑스의 모든 작가 중에서 영국인들이 가장 좋아하는 작가인 것이며, 타키투스가 모든 라틴어 작가 중에서 사상가들이 더 높이 쳐주는 작가인 것입니다. 흔히 우리는 언어의 파격을 놓치고 꾸밈없

● ●

66. 극작가이자 소설가인 마리보(Marivaux, 1688~1763)를 가리킨다.

는 어휘에만 감동합니다.

손더슨은 케임브리지대학에서 수학을 강의했는데 엄청난 성공을 거두었습니다. 그는 광학론 수업도 열었고 빛과 색의 본성에 대해 강의했습니다. 시각 작용 이론을 설명하고 렌즈의 효과, 무지개 현상 및 시각과 시각기관에 관련된 다른 여러 주제도 가르쳤습니다.

부인께서 자연학과 기하학이 함께 결부된 어떤 문제라도 설명해야 할 현상, 기하학자의 가정, 그 가정의 결과인 계산이라는 세 가지 사항이 구분되어야 한다는 점을 고려하신다면 앞에서 말한 일들의 경이로움도 많이 줄어들 것입니다. 그런데 아무리 대단한 통찰력을 갖춘 맹인이라도 빛과 색의 현상들을 모르는 것이 당연합니다. 가정들이라면 이해할 겁니다. 이 가정들은 모두 촉각의 원인과 관계가 있으니까요. 하지만 맹인이 그 가정들을 다른 가정들보다 선호할 이유가 전혀 없는 것이, 가정들 자체를 현상들과 비교할 수 있어야 했기 때문입니다. 그러므로 맹인은 사람들이 그에게 제시한 것을 가정으로 간주합니다. 한 줄기 빛은 탄성을 가진 가는 실細絲이나, 믿을 수 없이 빠른 속도로 달려와 우리의 눈을 자극하는 일련의 작은 물체로 간주하고, 그에 상응하여 계산합니다.[67]

· ·

67. 맹인의 분석의 토대가 되는 "가정들(suppositions)"은 뉴턴의 것이다. 데카르트는 빛의 형성을 미세한 물질이 단단한 작은 입자들에 가하는 압력을

자연학에서 기하학으로 이어진 길을 넘고 나면 문제는 순전히 수학적인 것이 됩니다.[68]

그런데 계산 결과에 대해서는 어떻게 생각해야 할까요? 1. 간혹 계산 결과를 내는 일이 정말 어렵고, 자연학자가 운 좋게 자연에 가장 부합하는 가설들hypothèses을 발견했더라도 기하학자가 이를 이용할 줄 모른다면 헛일일 겁니다. 그래서 가장 위대한 자연학자였던 갈릴레이, 데카르트, 뉴턴은 동시에 가장 위대한 기하학자이기도 했습니다. 2. 계산 결과들은 출발점이 된 가설들이 더 복잡한가, 덜 복잡한가에 따라 더 확실하거나 덜 확실합니다. 계산이 단순한 가설에 근거하면 결론은 기하학적 증명의 힘을 갖추게 됩니다. 가정의 수가 대단히 많다면 가설 하나하나가 진실인지의 문제는 가설의 수에 비례하여 감소하기는 합니다. 하지만, 다른 한편

⦁ ⦁

통해 설명하면서 이로부터 빛은 즉시 이동한다고 추론한다. 이와는 반대로 뉴턴은 빛이 탄성력을 가진 입자들의 운동을 통해 형성되며, 빛줄기는 "광체(光體, corps lumineux)에서 나온 일렬로 늘어선 입자들"(『백과사전』, 〈빛〉 항목, t. IX, p. 722)과 같다고 보며, 빛의 이동이 대단히 신속하기는 해도 즉각적인 것은 아니라고 본다. (D)

68. 기하학을 빛의 분석에 적용하는 문제에 대해서는 뷔퐁의 『자연사』에 실린 「자연사를 연구하고 논하는 방법」을 참조. "빛은 무한히 작은 물체이고, 거의 무한히 빠른 속도로 직선으로 작용한다. 빛의 속성은 거의 수학적인 것이나 다름없고, 이로써 계산과 기하학의 척도를 성공적으로 적용할 수 있다"(Œuvres, 앞의 책, p. 64).

으로 이 문제가 증가하기도 하는데 그것은 많은 거짓 가설이 서로 정확히 교정될 수 있어서 그로부터 현상을 통해 확인되는 결과를 얻을 가능성이 다소라도 있을 경우입니다. 수들을 더한 부분 합이 완전히 잘못 계산되었는데 그럼에도 정확한 결과를 얻게 되는 것이 이런 경우일 것입니다. 그런 연산이 가능할 수 있음을 부정할 수 없습니다만, 부인께서는 이와 동시에 그 경우가 대단히 드물다는 점을 아십니다. 더해야 할 수가 많을수록 덧셈의 실수는 더 많아질 것 같습니다. 그러나 연산 결과가 정확하다면 실수할 일은 더 적어지게 됩니다. 그러므로 어떤 가설에서 나오는 결과의 확실성이 가능한 가장 최소가 되는 가설들의 수가 있습니다. A, B, C를 더했더니 50이 나온다면 50이 그 현상의 양이라는 점으로부터 문자 A, B, C로 표현된 가정들이 전부 진실이라는 결론을 내릴 수 있을까요? 절대 그렇지 않습니다. 이 문자들 중 하나를 빼고 다른 두 문자를 더하는 것으로 항상 50이 되는 방법은 무한히 많기 때문입니다. 그런데 세 개의 가설이 결합된 경우가 가장 불리한 경우일 것입니다.[69]

· · ·

69. 디드로는 다음 두 가지를 구분하면서 결론의 확실성을 평가한다. a) 가설이 단순한 경우. 이때 연역과 검증이 용이하다. b) 가설이 복잡한 경우. 즉 이 가설에는 더 많거나 적은 가정들을 포함한다. 1. 가정의 수가 더 크기 때문에 결론은 그만큼 더 의심스러워진다. 단순한 가설을 위한 추론과 반대되는 추론이 이를 보여준다. 2. 그렇지만 이와 반대로 가정들의 다양성을

저는 이 계산의 장점을 누락하지 않으려 합니다. 그 장점은 결과와 현상 사이의 모순을 통해 거짓 가설들을 배제한다는 것입니다. 자연학자가 한 줄기 빛이 대기를 통과할 때 그리게 되는 곡선을 발견하겠다고 한다면 공기층의 밀도, 굴절 법칙, 빛의 입자들의 본성과 형상은 물론, 그가 의도적으로 무시하든지, 몰랐기 때문에 고려하지 않은 다른 본질적인 요소들에 그의 입장을 정해야 합니다. 빛의 곡선을 구하는 것은 그다음 일입니다. 그 곡선이 계산에서 얻은 것과 자연에서 다르게 나타난다면 그 가정들은 불완전하거나 거짓입니다. 빛이 정해진 곡선을 그린다면 가정들을 바로잡았든지 수정했든지 둘 중의 하나입니다. 그런데 둘 중 어떤 것일까요? 자연학자는 이를 모릅니다. 그렇지만 여기까지가 그가 이를 수 있는 최대의 확실성입니다.[70]

••

고려하는 추론은 가정들의 수렴은 우연히 일어날 수 없다는 점을 보여주며, 이 두 번째 추론은 조합을 요청하고 확률론(probablisme)에 다가간다. (N)

70. 이 문단은 잘못된 가정들(즉 현상과 일치하지 않는 가정들)을 제거하면서 가설의 검증의 문제를 다룬다. 곡선을 발견하는 것을 목표로 하는 자연학자에 대한 이 대목에서 디드로는 데카르트의 『정신 지도의 규칙들』 VIII(t. X, p. 393, 395)과 『굴절광학』의 여덟 번째 담화를 따른다. 데카르트는 "수학의 교양밖에 없는 사람의 경우를 취해보자"라고 규정한다. 이렇게 연구된 곡선은 빛의 굴절론(anaclastique)에 해당되는데, 평행하게 나아가는 빛줄기들이 굴절되고 난 후 한 점에서 교차되는 방식으로 굴절되는 선이다. 데카르트처럼 디드로도 수학적인 교양밖에 없는 이 수학자가 '철학자의 입'이나 경험만으로 그의 가설을 끌어내고자 했다면 훌륭한 결과를 전혀 만들지

저는 손더슨과 절친하게 지내며 그의 인생의 어떤 특이점들을 우리에게 전했던 사람들에게서 들었던 것을 찾아볼 수 있지 않을까 하는 바람으로 그의 『대수학 기초』를 읽었습니다. 그러나 이런 호기심은 채워지지 않았습니다. 그래서 저는 손더슨이 그만의 방식으로 기하학의 기초 같은 책을 썼다면 그 책은 그 자체로 더욱 독창적이었을 것이고, 따라서 우리에게 더욱 유용했으리라 생각했습니다. 손더슨이 그 책을 썼다면 점, 선, 면, 입체, 각, 선과 면의 교차 등의 정의를 내렸을 테고, 그랬다면 제가 확신컨대 손더슨은 그 정의를 내릴 때 대단히 추상적인 형이상학의 원칙을 적용했을 것입니다. 그리고 그 형이상학은 관념론자들idéalistes의 형이상학과 대단히 유사할 것입니다. 이때 관념론자들이란 자기 존재 방식과 자기 내부에서 계속 이어지는 감각 작용만을 의식하고, 다른 것은 인정하지 않는 철학자들을 말합니다. 기상천외한 이 체계는 제가 보기에 오직 맹인들만이 창시할 수 있었던 것 같습니다. 인간 정신과 철학에는 수치스러운 일이지만 그들의 체계보다 더 터무니없는 것이 없음에도 논박하기는 가장 어렵습니다. 이 체계는 클로인의 주교 버클리 박사의

. .

못했으리라고 생각한다. 그 결과 가설과 경험이 모순되면 그 가설은 거짓이고, 일치한다면 개연적인 것이다. 디드로의 이 문단은 5년 후에 출판될 『자연의 해석에 관하여』를 준비하는 것 같다. (N)

『세 개의 대화』에서 명확하고 솔직하게 제시되어 있습니다.[71] 이 저작을 『인간지식기원론』의 저자[72]로 하여금 검토하도록 해야 할 것입니다. 그러면 콩디야크 씨는 버클리 박사의 저작에서 유용하고 즐겁고 섬세한 관찰 거리들을, 한마디로 말해서 콩디야크 씨가 수행할 수 있는 관찰 거리들을 찾을 것입니다. 그렇게 되면 그의 생각은 분명 관념론이라고 주장할 수 있습니다. 이 가설에는 독창적이기 때문이라기보다는 원리를 통해 반박하기가 어렵기 때문에 그의 주의를 끌만한 것이 있습니다. 사실 이 원리란 것이 버클리의 원리와 정확히 동일하기 때문입니다. 전자와 후자를 따라보고, 또 이성을 따라보더라도 본질, 물질, 실체, 부속附屬, suppôt 등의 용어들은 그 자체로는 우리 정신에 어떤 지식도 가져오지 못합니다. 더욱이 『인간지식기원론』의 저자가 정확히 지적

• •

71. 조지 버클리의 『하일라스와 필로누스의 세 개의 대화 *Three Dialogues between Hylas and Philonous*』(1713)를 가리킨다. 버클리는 이 책에서 "감각으로 지각되는 물체는 이를 올바로 고려할 때 모든 존재가 정신을 통해 지각하게 되는 특질들이나 관념들의 집합과 다른 것이 아니다"(tr. G. Brykman et R. Dégremont, Flammarion, p. 197)라고 했다. (D)
72. 콩디야크의 『인간지식기원론 *Essai sur l'origine des connaissances humaines*』 (1746)을 가리킨다. 곧 디드로가 인용하는 "우리는 하늘까지 드높여지든지… 우리가 지각하는 것은 그저 우리 자신의 사유뿐"의 문장은 콩디야크의 저작 첫머리에서 가져온 것이다. 디드로는 콩디야크의 일부 주장이 버클리와 같이 비물질주의적임을 보여주고자 한다.

하듯이, 우리는 하늘까지 드높여지든지 심연까지 내려가든지 우리 자신을 절대 벗어날 수 없습니다. 우리가 지각하는 것은 그저 우리 자신의 사유뿐이라는 겁니다. 그런데 바로 이 점이 버클리의 첫 번째 『대화』의 결론이자 그의 체계 전체를 받치고 있는 토대입니다. 정말 신기하지 않습니까? 두 명의 적이 싸우고 있는데 서로 들고 있는 무기가 정말이지 대단히 똑같습니다. 그러니 둘 중 한 명이 승리하게 된다면 승자는 그 무기를 가장 잘 쓰는 사람일 것입니다. 그런데 『인간지식기원론』의 저자는 최근에 내놓은 『체계론』[73]에서 그가 자기 무기를 얼마나 노련히 쓸 줄 아는지 보여주는 새로운 증거를 제시했으며, 체계를 세운 사람들에게 그가 얼마나 두려운 인물인지 보여주었습니다.

부인께서는 우리가 맹인들 이야기에서 한참 벗어났다고 말씀하시겠지요. 하지만 제가 이렇게 여담에 여담으로 계속 흘러도 너그럽게 이해해 주시기를 바랍니다. 부인과 대화를 나누겠다고 약속했으니 그 정도는 너그럽게 봐주셔야 부인께 약속을 지킬 수 있겠습니다.

저는 정신을 최대한 집중해서 손더슨이 무한을 다룬 부분을 읽었습니다.[74] 부인께 저는 확신을 가지고 손더슨이 이

• •

73. 콩디야크의 『체계론 *Traité des systèmes*』(La Haye, 1749)을 가리킨다.
74. 손더슨의 『대수학 기초』 pp. xv–xvi에 해당하는 부분이다. 여기서 손더슨이

무한의 주제로 대단히 정확하고 명확한 관념을 갖고 있었으며, 무한을 다루는 우리네 학자들[75]은 그에 댄다면 맹인이나

● ●

유율법(fluxions) 논쟁에 개입하지 않고서도 뉴턴을 숭배했고 『프린키피아』에 주석을 달았다는 점을 기억할 수 있다. 이 논쟁이 버클리가 『분석가 The Analyst』(1734)에서 제기한 것임을 덧붙이고, 프랑스에 뉴턴의 유율법 계산을 도입한 사람 중에 뷔퐁이 있었다는 점을 상기해 보자. 특히 이 대목에서 디드로는 무한의 문제에 빠지는 위험을 무릅쓰지 않으려고 한다. 형이상학적으로 그것은 무한의 관념이 첫 번째인지(데카르트), 그 반대인지(가상디), 그것이 부정(不定)으로 인도되는 유한의 관념인지 아닌지 묻게 된다. 수학적으로 이 문제는 a) 무한과 무한소의 존재, b) 이 두 개념의 논리학에 집중되어 있다. (N)

75. 여기서 쓰인 Infinitaires라는 단어는 퐁트넬을 인용하고 있는 리트레에 따르면 미적분의 옹호자들을 가리킨다. 손더슨은 유율법을 다룬 자신의 저작 『미적분 방법론 The methode of Fluxions Applied to a Select Number of Useful Problems』 (이 저작은 1756년에 출판된다)에서 뉴턴의 방법에 의지한다. 그렇지만 그는 자기 시대의 무한에 대한 수학자들의 논쟁에 참여하려 들지 않았다. (D)

뷔퐁은 1740년에 뉴턴의 『유율법의 방법』을 프랑스어로 번역했다. 뷔퐁은 젊은 시절부터 무한에 중요한 의미를 부여하는 데 반대했다. 그는 확률론의 기하학을 제시하면서 무한을 배제하고, 그 대신 무한한 점들의 집합을 유한한 표면으로 대체했다. 다른 말로 하면 계산을 기하학으로 대체한 것이다. 뉴턴은 앞의 책에서 "몇몇 기하학자들은 무한에 대해 고대인들과는 상이한 관점을 부여했는데, 이 관점은 사물의 본성과 대단히 거리가 멀어서 위대한 인물들의 저작에서도 알려지지 않았다"고 썼다. 이는 뉴턴의 일부 제자들을 공격한 것으로 퐁트넬을 따라, 디드로는 이들을 "무한을 다루는 학자들(infinitaires)"이라고 부르는 것이다. 뷔퐁은 수학적 실재론을 거부했으며, 수(數)란 재현에 불과할 뿐, 그것이 재현하는 사물들과 독립적으로 존재하지 않는다"고 단언한다. 수학의 기호체계는 수를 실재하는 것으로 만들지 못한다. 뉴턴은 라이프니츠의 미적분에 반대하여 유율법의 우월성을 확신했는데, 그는 무한소의 양이 아니라 지속적인 변화 속에서 비례를

다름없으리라고 말씀드릴 수 있습니다. 물론 판단은 부인께서 하실 일입니다. 이 주제가 대단히 난해하고 부인의 수학 지식을 다소 넘어서는 것일 수도 있겠습니다. 그렇지만 저는 포기하지 않고 부인께서 이해하실 수 있도록 준비하여 부인께서 이 무한소 논리학의 기초를 깨닫게끔 할 것입니다.

우리의 저명한 맹인을 예로 들어 본다면 촉각은 훈련으로 강화될 때 시각보다 더 섬세해질 수 있음을 알 수 있습니다. 그는 손으로 여러 메달을 연이어 살펴보더니 진짜와 가짜를 구분해 냈습니다. 그 가짜의 경우 매의 눈을 가진 전문가들도 속을 정도로 완벽히 위조된 것이었습니다. 또 그는 수학 기구의 눈금들 위를 손가락 끝으로 훑으면서 그 기구가 정밀한지 판단했습니다. 확실히 이런 일은 촉각으로 흉상과 그 흉상의 모델이 된 사람이 얼마나 닮았는지 추정하는 이상으로 어려운 일임이 틀림없습니다. 이렇게 생각하면 맹인들의 나라에도 조각가들이 있을 것이고, 그들 역시 조각상을 제작함으로써 우리처럼 탁월한 행동들이며 사랑하는 인물들을 영원히 기억하는 것과 같은 이득을 얻게 되리라는 점을 알 수 있습니다. 심지어 저는 맹인 나라의 국민들이 손으로

••
사용했기 때문이다. 뷔퐁은 무한은 실재적인 것도, 실질적인 것도 아니다. 그것은 "끝없는 증가 혹은 감소의 가능성일 뿐"으로 "무한에 대해 가져야 하는 진정한 관념은 그것이다." (GF)

조각상을 쓰다듬으면서 느끼는 감정이 우리가 눈으로 보고 느끼는 감정보다 훨씬 더 강렬하리라 확신합니다. 너무도 소중한 사랑을 하는 한 연인이 손으로 쓸어보고 매력을 알아보는 것은 얼마나 기쁜 일일까요. 환상은 눈이 보이는 사람들보다 맹인들에게 더 강력히 작용할 것임이 틀림없고 이로써 맹인들의 마음은 다시금 불타오를 것입니다. 그렇지만 아마 이렇게 기억함으로써 더 많은 즐거움을 얻을수록 그리움은 더 줄어들겠지요.

손더슨과 퓌조의 맹인의 공통점은 대기 중에 갑작스럽게 발생하는 대단히 미세한 변화에도 영향을 받고, 특히 날씨가 평온할 때는 몇 발짝 앞에 대상이 있다는 것을 알아차린다는 것입니다. 사람들 말로는 하루는 손더슨이 공원에서 개최된 천체관측회에 있었는데 때때로 구름이 지나가서 관측자들이 태양의 시표면視表面을 볼 수 없었는데 구름이 그렇게 가릴 때마다 그의 얼굴 위로 빛이 작용하면서 뚜렷한 변화를 일으켰고, 그것으로 지금이 관측에 적합한 순간인지 부적합한 순간인지 알 수 있었다는 것입니다. 부인께서는 아마 눈 속에 어떤 진동이 일어나 대상의 유무까지는 아니더라도 빛의 유무를 알려주었던 것이 아니냐고 생각하실 것입니다. 손더슨이 시각은 물론 시각기관도 갖지 않았음이 확실하지 않았다면 저도 부인처럼 생각했을 것입니다.

그러니까 손더슨은 피부로 보았던 것입니다. 그러므로 피부의 감수성이 너무도 섬세했던 것이니 조금만 익숙해져서, 데생 화가가 그의 손에 연필로 초상을 그려주면 그것이 어떤 친구인지 알아보고, 계속 감각을 자극하게 되면 이는 분명 모씨某氏라고 말할 것임을 확신할 수 있습니다. 그래서 맹인들에게도 회화가 있는 것이지요. 그때 회화의 화포畫布는 맹인들의 피부가 됩니다. 이런 생각이 허무맹랑한 것은 아니어서 저는 확신컨대 어떤 이가 부인의 손 위에 M***씨의 조그마한 입을 그렸다면 부인께서는 바로 그가 누구라고 알아보실 것입니다. 그렇지만 부인께서 평소에 그 입을 늘 보시고 아름다운 입이라고 생각하셨더라도 그렇게 알아보는 일은 부인보다는 선천적 맹인에게 훨씬 더 수월한 일이라는 데 동의하셔야겠습니다. 그 이유는 이렇습니다. 부인이 판단하실 때는 두세 개의 문제들이 개입하게 됩니다. 부인의 손 위에 그려지는 그림과, 부인의 눈 가장 안쪽에 그려졌던 그림이 비교되고, 감각하는 대상들의 영향을 받아 마음이 움직인 방식과, 보고 감탄하는 것으로 만족했던 대상들의 영향을 받아 마음이 움직인 방식을 기억하고, 이렇게 주어진 사실들을 연필 끝으로 부인의 손 위 피부에 그리면서 내가 그리는 입의 주인공은 누구인지 묻는 데생 화가의 질문에 결부하는 것이 그런 문제들입니다. 반면 한 맹인의 손에 입을 그릴 때 자극된 감각 작용들의 총합과, 맹인에게 그 입을 연필로 그리는 데생 화가가 불러일으킨 연속적인 감각 작용들의 총합은 동일한 것입니다.

퓌조의 맹인과 손더슨 이야기 말고도, 알렉산드리아의 디디메, 아시아인 에우세비오, 메헬렌의 니케즈[76] 및 감각 하나를 더 적게 가졌지만 다른 사람들보다 훨씬 뛰어나 보였던 몇몇 사람들의 이야기를 추가할 수도 있을 것입니다. 시인들이라면 침소봉대하지 않고도 신들이 질투에 사로잡혀 자기들에 필적할 존재가 인간들 가운데 나올까 두려워 그들에게 감각 하나를 박탈했으리라 상상할 수 있을 것입니다. 신들의 비밀을 읽고 다가올 일을 예언할 수 있었던 저 티레시아스[77]도, 결국 그의 이야기가 남았기에 우리도 기억하게 된 맹인 철학자가 아닌가요? 하지만 더 이상 손더슨 이야기를

• •

76. 디드로가 이곳에서 언급하는 세 명의 인물은 모두 맹인이었다. 디디메 (Didyme d'Alexandrie, 311~396)는 그리스의 신학자로 네 살에 실명했다. 논리학, 기하학, 성경 연구에 능했다고 하며 성(聖) 히에로니무스의 스승이었다. 에우세비오(Eusèbe l'Asiatique 혹은 Eusèbe de Césarée, 270~338)는 팔레스타인 세자레(Césarée)의 주교이자 교회사가(敎會史家)였다. 니케즈(Nicaise de Mechelin 혹은 Nicasius de voerda, ?~1492)는 플랑드르 태생으로 세 살에 실명했다. 그는 루뱅대학에서 수학한 뒤 사제가 되었고 법학 교수를 지냈다.

77. 테베의 맹인 점쟁이로 『오뒷세이아』에서는 율리시스에게 어떻게 이타카로 돌아갈 수 있는지 알려주었고, 소포클레스의 극에서는 오이디푸스의 운명을 알려주었다.

벗어나지 말고 저 비범한 이를 무덤까지 따라가 보도록 합시다.

　손더슨의 임종이 다가오자 대단한 학식을 자랑하던 목사 홈즈 씨를 그에게 모셔 왔습니다. 두 사람은 신 존재 문제를 놓고 함께 대화를 나누었습니다. 그 대화 중 몇 가지 단편적인 이야기가 남아 있으니, 제가 할 수 있는 데까지 부인께 번역을 해드리겠습니다. 언급할 가치가 충분한 이야기들이니 말입니다. 목사는 자연의 경이[78]를 들어 손더슨을 반박하는 것으

· ·

78. 여기서는 손더슨이 "볼 수도 만질 수도 없다"고 말한 자연의 경이의 문제를 다룬다. 이 논의는 전통적인 것으로, 한 예로 키케로는 『신들의 본성에 관하여』에서 "여기서 제가 다음과 같은 사람이 존재한다는 사실에 놀라면 안 되는 것인지요? 그 어떤 단단하고 나눌 수 없는 알갱이들이 무게의 힘에 의해 움직이고 있으며, 이 알갱이들의 우연적인 충돌에 의해 더할 수 없이 아름답고 잘 꾸며진 세계가 만들어져 나왔다고 자신을 설득하는 그런 사람 말입니다. 저는 이해할 수가 없습니다"(『신들의 본성에 관하여』, 강대진 역, 나남, 2012, 154쪽). 또한 "언젠가 아이트나 산에서 불이 쏟아져 나왔을 때 인근 지역을 그토록 컴컴하게 만들었다고" 전하는데, "이틀 동안이나 사람들은 다른 사람들을 알아보지 못했고, 사흘째에야 해가 비쳐서 자기들이 다시 살아난 것으로 보였다고 할 정도였죠. 한데 만약 이와 같은 일이 영속적인 어둠 속에 있다가 일어나서, 우리가 갑자기 빛을 보게 되었다면, 하늘의 모습은 대체 어떤 것으로 보일까? 하지만 정신은 매일의 반복과 눈의 습관 때문에 익숙해져서, 놀라지도 않고 늘 보는 이 일들의 원인을 묻지도 않습니다"(위의 책, 155~156쪽). 그러나 18세기에 천문학과 자연학이 진보하면서 이 논의가 재발견된다. 모페르튀는 "자연학 연구가 더욱 진보할수록 이 증거들은 더욱 많아진다"(『우주론 *Essais de Cosmologie*』 [1750], éd. 1753, p. 5)고 썼다.
　신이 곧 기하학자(ὁ θεὸς ἀεί γεωμετρει)라는 점에서 플라톤주의자들과

로 시작했습니다. 그러자 맹인 철학자는 목사에게 "아! 목사님, 그 멋지다는 정경 이야기라면 그만두십시오. 그것이 저를 위해 지어진 것이랍니까. 저는 평생 어둠 속에서 살아야 했습니다. 목사님은 경이를 말씀하시지만 그건 목사님이나 목사님처럼 눈이 보이는 사람들에게나 증거가 되지, 저로서는 이해 불가의 말입니다. 제가 신을 믿기를 바라신다면 제 손으로 신을 만질 수 있도록 해 주셔야 합니다'라고 말했습니다.

그러자 목사가 재치 있게 그 말을 받아 "선생님, 손을 가슴에 올려 보십시오. 그러면 신체의 경이로운 메커니즘에 깃든 신을 만나게 될 것입니다"라고 했습니다.[79]

• •

의견을 같이한 케플러는 하늘의 기계를 시계처럼(*instar horologii*) 인식한다. 데카르트는 이로써 '예술작품'을 만든다(이는 퐁트넬과 이신론자들이 반복하는 문구가 된다). 그러나 데카르트는 최종 원인의 연구를 제거하고 카오스의 인식론적 가설에서 출발(『철학의 원리』, III, p. 47)해서 우연에 의한 유물론적 설명을 공고하게 한다. 자연은 그때 더는 예술작품이 아니게 된다.

데카르트 자연학과 뉴턴 자연학이 대립한다. 시계 제조인으로서의 신은 최종 원인 없이 나아갈 수 없다. 6개의 행성이 거의 구심적인 궤도에 따라 동일한 방향으로 움직이면서 존재해야 하는데, 이는 선택을 통해서만 설명된다. 이로부터 강력한 뉴턴주의 운동이 등장한다. 클라크, 볼테르, 벤틀리, 니우번테트, 무센브로크, 하르트수이커, 플뤼쉬 신부 및 모페르튀의 『우주론』이 그것이다. 디드로는 처음에는 뉴턴의 유행을 따랐지만 『맹인에 대한 편지』부터 이를 부정한다. (N)

79. 손더슨이 볼 수도, 만질 수도 없는 경이의 문제 다음으로 홈즈 목사는

그러자 손더슨은 이렇게 대답했습니다. "홈즈 목사님, 반복하지만 그래봤자 그 모든 것이 목사님이 느끼시는 것만큼 제게는 아름답지 않습니다. 목사님 주장대로 동물의 메커니즘이 완벽하다고 해봅시다. 목사님은 정직한 분이라 저를 속일 수 없으시니까 저도 정말 그렇게 믿고 싶습니다. 그렇다면 동물의 메커니즘과 지고한 지성을 가진 존재의 공통점은 무엇입니까? 그 존재가 목사님을 놀라게 한다면 그것은 목사님께서 갖춘 힘을 월등히 능가하는 것처럼 보이는 모든 것을

• •

동물 구조의 경이로 나아간다. 그는 이를 만져볼 수 있는 것이다. 이제는 자연사(예를 들면 곤충학)와 생리학(현미경의 사용)의 진보에 도움을 구해야 한다. 손더슨은 이렇게 반박한다. 1. "반복하지만 그래봤자 그 모든 것이 목사님이 느끼시는 것만큼 제게는 아름답지 않습니다." 그러므로 홈즈 목사의 논변은 손더슨에게는 추상적이다. 2. 최종 원인을 비판한다. 폴 베르니에에 따르면 디드로는 여기서 스피노자에 기대고 있다. "사람들은 일반적으로 모든 자연물이 그들 자신과 마찬가지로 어떤 목적을 위하여 움직인다고 생각하며, 더욱이 그들은 신이 모든 것을 특정한 목적에 따라 이끈다고 확신한다. 왜냐하면 그들은 신은 인간을 위하여 모든 것을 만들었으며 신을 숭배하게 하도록 인간을 만들었다고 말하기 때문이다. 그러므로 나는 이 편견을 파헤쳐 보려고 한다"(스피노자, 『에티카』, 1부, 강영계역, 서광사, 56쪽). 스피노자는 사람들이 어떻게 이 편견을 극복하기 위해서 "모든 인간은 날 때부터 사물의 원인을 모른다는 것, 모든 인간은 자신의 이익을 추구하려는 충동을 지니며 동시에 이것을 의식한다는 것을 기초로 삼는 것으로 충분"하다고 쓴다(같은 곳). 그렇지만 스피노자가 존재론을 고려할 때 디드로는 과학을 비판하면서 사유하고 있다. 3. 어떤 현상이 우리를 난처하게 만들 때 신을 개입시키는 것은 대단히 순진한 발상으로, 이는 데우스 엑스 마키나와 같다. (N)

경이롭다고 부르는 습관이 드셨기 때문일 것입니다. 목사님은 종종 제게 감탄을 아끼지 않으셨어요. 그래서 저는 목사님을 놀라게 한 것을 좋게 생각하지 않습니다. 저는 영국 전역에서 제가 어떻게 기하학을 공부했는지 이해할 수 없었던 사람들에게 주목을 받았습니다. 목사님께서는 그런 사람들은 사물들의 변화 가능성에 대한 엄밀한 개념을 갖추지 못했다는 점을 인정하셔야 합니다. 어떤 현상이 일어났는데 우리 생각으로 그것이 인간의 이해를 벗어나는 일이라면 우리는 금세 이는 신의 역사로다, 라고 합니다. 우리의 오만은 그 정도로 그치지 않습니다. 그러니 우리 이야기에 오만은 좀 적게, 철학은 좀 많이 두지 못할 것도 없지 않습니까? 자연이 풀기 어려운 매듭을 주었다면 그걸 있는 그대로 그냥 둡시다. 어떤 지고한 존재의 손을 빌려 그 매듭을 끊어버리려고 하지 말자는 것입니다. 그렇게 되면 그 존재는 다시 첫 번째 매듭보다 더 풀기 어려운 새로운 매듭이 되고 마니까요. 인도 사람에게 왜 세상이 공중에 매달려 있는지 물어보신다면 그 사람은 세상이 코끼리 등 위에 얹혀 있어서라고 대답할 것입니다. 그러면 코끼리는 무엇 위에 얹혀 있을까요? 거북의 등 위입니다. 그러면 거북은 무엇 위에 얹혀 있을까요? … 우리의 인도인은 목사님을 딱하게 여길 것입니다. 인도인에게처럼 목사님에게도 똑같이 말할 수 있을 겁니다. 제 친구이신,

홈즈 목사님, 우선 당신이 무지하다는 것부터 인정하시고,
제게 코끼리며 거북 얘기는 하지 마시기를 바랍니다."[80]

• •

80. 이 이야기는 디드로가 『자연종교의 충족성 *De la suffisance de la religion
naturelle*』(1746)에서도 언급한 것이다. 다만 이 저작에서 디드로는 인도인이
아니라 중국인을 언급한다. "여러분은 이 현상을 중국인이 공기 중에 세계가
떠 있음에 대한 것처럼 설명한다는 점을 보지 못하시는가? 중국인이여,
지구를 지탱하는 것이 무엇인가? 커다란 코끼리, 지구를 지탱해 주는 코끼리
인가? 거북 한 마리가, 코끼리를 지탱해 주는가? 나는 모르겠다. 아! 친구여,
코끼리와 거북은 그냥 두시고 우선 자네의 무지를 고백하라"(§ 22, DPV
t. II, p. 192).

　　로크는 『인간지성론』에서 철학에서 실체와 우연적 속성의 불필요성을
언급하면서 이 이야기를 언급한다. "한 불쌍한 인도 철학자(이 사람은
지구 역시 그것을 지지해 줄 무엇인가를 필요로 한다고 상상했다)가 이
실체라는 낱말을 생각했더라면, 그는 지구를 지지해 줄 코끼리, 그리고
코끼리를 지지해 줄 거북이를 발견하는 수고를 하지 않아도 좋았을 것이다.
실체라는 낱말이 이 일을 효과적으로 수행했을 테니까 말이다. 그리하여
지구를 지지해 주는 것을 찾고자 했던 사람은 인디언 철학자에게서 그것이
무엇인지 모르는 실체가 지구를 지지해 준다는 이야기를 듣고는 이를
훌륭한 대답으로 간주할 수 있었을 것이다. 이는 마치 우리가 유럽 철학자들
에게서 그것이 무엇인지 모르는 실체가 우연적 속성들을 지지해 주는
것이라는 이야기를 듣고 나서 이를 충분한 답이자 훌륭한 학설로 간주하듯
이 말이다"(II, XIII, § 19, 앞의 책, 260~261쪽. 또한 로크는 조금 뒤에 이
문제를 다시 언급한다. "그리하여 그 누구라도 자신이 갖고 있는 순수한
실체 일반에 대한 개념을 검토하려 든다면 그는 자신이 그것에 관한 하나의
가정, 즉 우리 안에 단순 관념들을 산출할 수 있는 성질들— 이러한 성질들은
보통 우연적 속성이라고 불린다—의 지지물(자신으로서는 모르는)에 대한
가정 외에는 다른 어떤 관념도 갖고 있지 않다는 것을 발견할 것이다.
누군가가 무엇이 그 안에 색깔이나 무게가 내재하는 주체인가라는 질문을
받는다면 그는 연장되어 있는 충전적인 부분들이라고밖에는 말할 수 없을
것이다. 그에게 그럼 충전성과 연장이 그 안에 내재하는 것이 무엇인가라는

손더슨은 잠시 말을 멈추고 목사의 답변을 기다렸던 듯합니다. 그런데 어디서부터 맹인을 논박할 수 있겠습니까? 홈즈 씨는 손더슨이 자신을 정직한 사람이라고 좋게 보았던 점과, 뉴턴, 라이프니츠, 클라크 및 동시대 몇몇 사람들의 지식을 앞세웠습니다. 이들은 모두 세상 최고의 천재들로서 자연의 경이에 사로잡혀서 그 경이를 만든 이는 지성적인 존재이리라는 점을 인정했습니다. 이는 두말할 것 없이 목사가 손더슨을 반박할 수 있는 가장 강력한 논거였습니다. 그래서 우리의 선한 맹인은 뉴턴과 같은 사람이 겸허히 받아들였던 점을 부정하는 것은 만용蠻勇이리라는 점에 동의했습니다. 그렇지만 손더슨은 목사에게 뉴턴의 증언은 자연 전체가 뉴턴에게 제시한 증언만큼 자신에게 강력한 것은 아니었고, 뉴턴이 신의 말씀을 믿었다면 자신은 뉴턴의 말을 믿게 되었을 뿐이라는 점을 지적했습니다.

손더슨은 계속 이렇게 말했습니다. "홈즈 씨, 제가 목사님

••

물음을 던지면, 그는 앞서 언급된 바 있던 인디언의 신세보다 더 낮지 않은 신세가 될 것이다. 이 인디언은 세계는 커다란 코끼리가 떠받치고 있다고 말했고, 그러자 그는 그럼 그 코끼리를 떠받치고 있는 것은 무엇이냐는 질문을 받았다. 이 질문에 대한 인디언의 답은 커다란 거북이 한 마리라는 것이었다. 그러나 그럼 이런 등 넓은 거북이를 지지하는 것은 무엇인지 알고 있느냐고 재차 묻자 그는 그것은 자신이 무엇인지 모르는 어떤 것이라고 답했다(II, XXIII, §2, 앞의 책, 429~430쪽).

의 말과 뉴턴의 말을 얼마만큼 믿어야 하는지 생각해 보십시오. 저는 눈이 안 보이기는 하지만 저는 모든 것에 어떤 경탄할 만한 질서가 존재한다는 점을 받아들이고 있습니다.[81] 그렇기는 해도 목사님께서 이 점을 그 이상 침소봉대해서는 안 된다고 생각합니다. 제가 현재 세상의 상태에 그런 질서가 있다는 점에서는 목사님의 뜻을 따르지만, 최초의 옛 세상에 관해서는 제 마음대로 자유롭게 생각할 권리를 얻고자 합니다. 그 최초의 세상이라면 목사님이나 저나 똑같이 맹인이기는 마찬가지니까요. 이 점에서는 목사님도 저를 반박하실 증거가 없으시고 목사님의 두 눈도 전혀 도움이 되지 못합니다. 그러니 목사님께서 원하신다면 목사님의 눈길을 강하게 끌었던 질서가 언제나 존재했다고 생각하십시오. 그렇지만 저는 그런 질서란 없다고 믿게 내버려 두십시오. 저는 제 방식대로 우리가 사물들과 시간이 출현한 최초의 상태로 거슬러 올라가, 물질이 운동하고 혼돈이 걷히는 것을 느꼈다면 신체 조직을 제대로 갖춘 존재들은 몇 안 되는 대신, 형태를 제대로 갖추지 않은 수많은 존재들을 만나게 되리라

• •

81. 이는 퓌조의 맹인이 질서의 친구였다는 앞의 발언과 이어진다. 그러나 손더슨은 세상을 지배하는 질서의 존재를 인정하지만 그것에 형이상학적인 의미를 부여하는 것은 아니다. 그의 질서는 생성 중인 질서이며, 존재하자마자, 더 정확히 말하자면 우리가 그 질서의 존재를 지각하자마자 바로 무질서로 이행하게 되고 만다.

믿겠습니다.[82] 저는 사물들의 현재 조건에 대해서는 목사님의 의견을 전혀 반박할 수 없지만 적어도 과거 조건이 어땠는지에 대해서는 목사님께 물을 수 있습니다. 예를 들어 저는 동물이 형성되기 시작한 최초의 순간에 어떤 동물들은 그대로 머리가 있었고, 다른 동물들은 그대로 발[로]을 가졌다는 말을 목사님이며, 라이프니츠며, 클라크며, 뉴턴[83]은 누구에

82. "괴물은 항상 존재했고, 앞으로도 계속 출현할 것이다. 그렇지만 그 괴물은 질서의 위반이 아니라, 변동하는 질서의 산물일 것이다. 모든 생명체는 변화하는 환경에 맞춰, 다시 말하면 변화하는 질서에 맞추어 자신의 신체와 조직을 기능적으로 조절하거나 그러한 조절에 실패한다. […] 문제는 그 질서와 완벽함이라는 개념이 언제나 모호하다는 점이다. 모든 생명체는 자신의 환경에 적응하고자 하고, 그 환경에 따라 자신의 신체를 최적화하고자 노력한다"(이충훈, 『자연의 위반에서 자연의 유희로』, 도서출판 b, 2021, 228~229쪽).

83. 뉴턴은 『프린키피아』 3권에서 데카르트의 소용돌이 이론을 비판하면서 혜성의 움직임의 예를 들고 있는데 뉴턴에 따르면 "혜성들의 움직임은 매우 규칙적이며, 행성들과 똑같은 운동 법칙들에 따라서 움직이는데, 소용돌이 이론을 가지고는 도저히 설명할 수 없다. 혜성은 하늘의 모든 부분을 전혀 구별 없이 커다란 이심률로 움직이며, 소용돌이 개념과는 도저히 양립할 수 없도록 자유롭게 움직이기 때문"(뉴턴, 『프린키피아3』, 이무현 역, 교우사, 2011, 193쪽)이라고 말했다. 그리고 "여섯 개의 행성은 해를 중점으로 해서 동심원을 그리며, 이들은 같은 방향으로 돌며, 거의 같은 평면에 놓여 있다. 열 개의 위성은 지구, 목성, 토성 둘레를 돌며, 이들을 중점으로 해서 동심원을 그리며, 같은 방향으로 돌며, 행성들의 궤도 평면과 거의 같은 평면에 놓여 있다. 그렇지만 단순히 역학적인 원인에 의해서 이렇게 규칙적인 여러 운동이 생겨났다고 생각할 수는 없다. 왜냐하면 혜성들은 우주의 모든 부분을 아주 이심률이 큰 궤도를 그리며 움직이기 때문이다. 그러한 움직임에 따라서, 혜성들을 행성들의 궤도를 쉽게 뚫고

게 들었는지 묻는 것입니다. 저는 목사님께 이 동물들은 위胃가 없었고, 저 동물들은 장腸이 없었으며, 또한 위며, 입천장이며, 치아를 갖춰서 오래 살 수 있을 것으로 보이는 동물들이라도 심장이나 폐의 결함 때문에 사라져 버렸으며, 괴물은 차례로 죽어 갔고, 물질의 구조에 결함을 가진 구성물은 사라진 반면, 메커니즘에 어떤 상당한 장애가 없었기에

• •

지나가며, 아주 빨리 움직인다. 혜성들은 원일점에서 가장 느리게 움직이며, 가장 멀리 놓여 있으니, 혜성들 서로 간에 가장 멀리 떨어지게 되며, 따라서 서로 간의 당기는 힘에 의한 방해가 가장 약하게 된다." 그리고 뉴턴은 이 현상을 신의 전능과 연결시킨다. "이렇게 해, 행성들, 혜성들이 멋지게 조화를 이루는 체계는 아주 현명하고 강한 존재가 심사숙려하고 지배하는 것에 의해서만 나올 수 있다. 만약 항성들이 우리 태양계처럼 또 다른 체계의 중점이라면, 그들도 마찬가지로 심사숙고에 의해서 형성되었을 것이며, 한 통치자의 영향력에 놓여 있음이 확실하다"(위의 책, 194쪽). 그리고 만물을 지배하는 신의 존재에 대한 찬양이 뒤를 잇는다. "이 존재가 모든 것을 지배한다. 전 세계의 영혼으로서가 아니라, 우주 모든 만물의 주로서이다. 그의 이러한 통치 때문에, 그는 주 하느님, 전지전능하신 지배자로 불린다. […] 최고의 신은 영원한 존재이며, 무한하며, 절대적으로 완벽하다. […] 하느님이 되는 것은, 영적인 존재의 통치이다. 진짜, 최고의, 또는 상상의 통치는 진짜, 최고의, 또는 상상의 하느님이 된다. 그의 진짜 통치로부터, 진짜 하느님은 살아 있으며, 현명하며, 강력한 존재가 된다. 그리고 그는 다른 면에서도 완벽하니까, 하느님은 최고이며, 가장 완벽한 존재이다"(위의 책, 194~195쪽).

또한 라이프니츠는 『형이상학 논고』(1686)에서 "우리가 그 작품들을 바라보기만 함으로써 그것들을 만든 창조자를 발견할 수 있다"고 주장하며, "따라서 이 작품들은 신의 표식을 자신 안에 지니지 않으면 안 된다"(라이프니츠, 『형이상학 논고』, 윤선구 역, 아카넷, 2010, 32쪽)고 썼다.

그 자체로 살아남을 수 있고 영속할 수 있었던 구성물들만 남게 되었다고 주장할 수 있습니다.[84]

홈즈 씨, 이렇게 가정해 보면 최초의 인간이 후두喉頭가 닫혀있어서 제대로 음식을 먹지 못했고, 발생을 담당하는 부위들에 결함이 있어서 자기 짝을 만나지 못했거나 다른 종에 흡수되었다면 인간종은 어찌 되었을까요? 세상의 보편적인 정화淨化 과정[85]에 말려 들어가, 인간이라는 이름의 저 오만한 존재는 물질 분자들 사이로 와해되고 흩어져, 아마 영원히 가능성으로만 남을 것입니다.

• •

84. "동물계와 식물계에서 한 개체가 시작하는 것처럼, 말하자면 한 개체가 성장하고, 살아가고, 노쇠하고, 죽게 되는 것처럼 그 개체를 포함한 종들도 모두 마찬가지가 아닐까? […] 동물이 언제 시작되고 언제 끝나는지가 확실치 않다는 점을 조금이라도 의심할 수 있었다면 이러한 추측에 몰두한 철학자는 동물이 물질 전체에 흩어져 섞여 있는 개별적인 원소들을 영원히 가지고, 그것이 가능했기 때문에 이들 원소가 결합하게 되었고, 이들 원소가 형성한 배(胚)는 무한히 여러 단계의 조직과 성장을 거쳐왔고 […] 결국 영원히 자연에서 사라지거나 다른 형태로 또 지속의 그 순간에 볼 수 있는 것과는 다른 능력을 갖추고 계속 존재할 것이라는 점을 의심할 수 없지 않을까?"(디드로, 『자연의 해석에 대한 단상들』, 이충훈 역, 도서출판 b, 151~152쪽)

85. 정화 과정(Dépuration)이라는 용어는 모두 정화라는 뜻을 가진 "purification, clarification과 동의어이지만 특별히 식물과 열매에서 발현된 영양액을 지시하기 위한 것이다"(『백과사전』, t. IV, p. 867). 뷔퐁은 『자연의 시대들』에서 대기를 주제로 말할 때 이 단어를 사용했다. "지구의 더위 때문에 물이 떨어지고 휘발성 물질이 낙하하면서 생긴 대기의 완전한 정화 과정"(Œuvres, 앞의 책, p. 1279)에 대해 언급하고 있다. (D)

목사님께서는 형태를 제대로 갖추지 않은 존재들이 과거에 없었다면 앞으로도 없을 것이니, 제가 허무맹랑한 가설에 빠져 있다고 틀림없이 주장하시겠지요. 그런데 질서란 것이 그렇게 완벽한 것이 아니어서 아직도 가끔 괴물 같은 존재들이 나타나곤 합니다." 손더슨이 이렇게 말했습니다. 그런 뒤 목사 쪽으로 바로 몸을 돌리며 그는 이렇게 덧붙였습니다. "홈즈 씨, 저를 잘 보세요. 저는 눈이 없습니다. 당신과 제가, 도대체 신에게 무슨 일을 했기에, 한 사람은 눈을 갖고 다른 사람은 못 갖는단 말입니까?"

손더슨이 대단히 진실하고 확신하는 모습으로 이렇게 말했기에 목사는 물론, 함께 모인 다른 사람들도 고통을 나누지 않을 수 없었고 그를 생각하고 슬퍼하기 시작했습니다. 맹인이 이 상황을 알아차리더니 목사에게 이렇게 말했습니다. "홈즈 씨, 목사님께서 선한 마음을 가진 분이라는 것을 저는 잘 알고 있습니다. 제 마지막 순간에 목사님의 선한 마음을 얻게 되어 기꺼운 마음입니다. 저를 소중하게 생각하신다면 저 죽어 가며 지금껏 그 누구의 마음도 슬프게 하지 않았다는 위로를 아끼지 말아 주십시오."

그러고는 좀 더 단호한 어조로 이렇게 말했습니다. "그러므로 저는 태초에 발효 중의 물질로부터 세상이 시작되었을 때 저와 같은 존재들이 대단히 흔했다고 추측하는 것입니다.

그런데 왜 저는 제가 동물들로부터 믿은 바를 가지고 세상에 대해 확신할 수 없단 말입니까? 망가지고 결함을 가진 얼마나 많은 세상들이 제 손이 닿지 못하고 당신의 눈이 닿지 못하는 아주 먼 공간에서 사라져 버리고는 매 순간 다시 형성되고 또 사라지고 있습니까. 그렇지만 그 먼 공간에서 수많은 물질이 보존될 수 있게 해 주는 어떤 배치가 생길 때까지 그 물질들은 계속해서 결합되고 있고 앞으로도 계속 결합될 것입니다.[86] 오! 철학자들이여, 그러니 나와 함께, 내가 이르고 당신들이 유기체들을 보게 되는 그 지점을 넘어서 이 세상의 정상으로 올라가서, 저 새로운 대양ㅊ斗 위를 거닐고, 이곳에서 당신들이 지혜롭다고 찬미하는 저 지성적 존재의 자취를 불규칙한 혼돈에서 찾아보라![87]

· ·

86. "[깊은 허공을 두루 다니는 기본적인 몸체들 중] 광대한 허공을 지나쳐 방황하는 다른 것들 중에서, 극히 소수는 멀리 건너뛰고, 큰 거리에서 멀리 팅겨 돌아간다. 이것들은 우리에게 성긴 공기와 태양의 찬란한 빛을 만들어 준다. 이 밖에도 많은 것들이 광대한 허공을 방황하는데, 이것들은 사물을 이루는 집합에서 거절당해 나와, 그 어디에도 받아들여져 그 움직임을 함께 맞출 수가 없다"(루크레티우스, 『사물의 본성에 관하여』, 2권 105~111행, 강대진 역, 아카넷, 2012, 118쪽).

87. "[스토아주의자들은] 질료에 대해 모르므로 [원자론에] 반대하여, 자연은 신들의 능력 없이는 그토록 인간의 필요에 적절하게 맞춰 한 해의 계절들을 바꾸고, 결실들과 다른 것들을 생기게 할 수가 없다고 믿는다. 이것들에 다가가도록 신적인 쾌락 자신이 인간들을 설득하고 삶의 인도자로서 이끌어 가며, 또 자손을 생산하도록 베누스의 일을 통해 달랜다는 것이다. 인간의

그런데 당신 편히 머물 수 있는 곳[88]에서 당신을 끌어내어 본들 무슨 소용이 있겠습니까? 홉즈 씨, 이 세계는 무엇입니까? 어느 것 하나 끊임없이 파괴를 향해 달려가는 경향을 보여주지 않는 것이 없는 급변하기 쉬운 복합체가 아닌가요? 잇따르고 서로 밀치고 사라지는 존재들의 빠른 연속, 일시적인 균형, 순간적인 질서un ordre momentané[89]가 아닌가요? 조금

종족이 끊어지지 않도록, 이들은 신들이 모든 것을 이 인간들을 위하여 세워두었다고 상상하고 있어서, 모든 일에 있어서 참된 이치로부터 크게 멀리 미끄러져 있는 것으로 보인다. 왜냐하면 아무리 내가 사물들의 기원이 무엇인지 모른다고 해도, 하늘이 운행되는 이치, 바로 이것으로부터 이것을 감히 확언하고, 또 다른 많은 것들로부터 입증할 수 있을 터이니 말이다. 세계의 본성은 결코 신들에 의해서 우리를 위해 창조된 것이 아니라는 점을"(루크레티우스, 『사물의 본성에 관하여』, 2권, 167~181행, 위의 책, 122~123쪽).

88. 『아카데미프랑세즈 사전』(1694)은 "Un homme est dans son element"이라는 말은 비유적으로 어떤 사람이 머물기 좋아하는 장소에 있다는 뜻이라고 설명한다.

89. "확실히 사물의 기원들 각각이 현명한 정신에 의해 계획을 따라 자신들을 그 질서 속에 놓은 것도 아니고, 각각이 어떤 운동을 할 것인지 진정으로 협의한 것도 아니며, 오히려 사물들의 수많은 기원이 수많은 방식으로 무한한 시간으로부터 이제까지, 타격들에 동요되고 자신의 무게에 시동되어 옮겨지고, 온갖 방식으로 만나고, 무엇이건 자신들 사이에 만나서 낳을 수 있는 모든 것을 시도해 버릇했기 때문이다. 그래서 긴 세월을 통해 널리 퍼져서 모든 종류의 만남과 운동을 시험하고서, 마침내 갑작스러운 충돌로써, 자주 큰 사물들, 즉 땅, 바다, 그리고 하늘과 생명체들의 종족의 시초가 되는 저것들이 만나게 되는 상황이 되었다"(루크레티우스, 『사물의 본성에 관하여』, 5권, 419~431행, 위의 책, 378~379쪽).

전에 저는 목사님이 목사님 능력을 기준으로 사물들의 완전성을 측정하고 있다고 비판했습니다. 지금 저는 목사님이 목사님 생애를 기준으로 지속을 측정한다고 비판할 수 있습니다. 목사님이 세상의 연속적인 존재를 판단하는 것은 하루살이가 목사님의 생애를 판단하는 것이나 같습니다.[90] 목사님께서 그저 한순간 살아가는 존재에게 영원한 존재이듯이 목사님께 세계는 영원한 것입니다. 그래도 그 곤충이 목사님보다 더 분별력이 있습니다. 하루살이들은 한 세대에서 다른 세대로 경이롭게 이어지면서 목사님의 영원성을 입증하는 것입니다. 얼마나 엄청난 전통입니까! 그러나 우리 모두는 우리가 점한 실제 공간도, 우리가 살아갈 시간도 정확히 확정할 수 없이 사라질 것입니다. 시간, 물질, 공간도 아마도 단 하나의 점일 뿐이겠죠."

이렇게 말하면서 손더슨은 그의 상태로는 감당할 수 있는 이상으로 고통스러워했습니다. 그리고 정신착란이 일어나

• •

90. 하루살이의 궤변에 대해서는 퐁트넬, 『세계의 복수성에 대한 대화 *Entretiens sur la pluralité des mondes*』의 다섯 번째 저녁을 참조. "하루만 사는 장미들이 역사를 쓰고 서로 회고록을 남겼다면 [⋯] 장미들은 이렇게 말했을 것입니다. "우리는 항상 똑같은 정원사를 보았다. 장미의 회고록에 따르면 우리는 오직 그 사람만 보았다. 그는 예전에도 항상 지금과 같았다. 확실히 그는 우리처럼 죽지 않고 변하지 않는다"라고요. 장미들의 추론은 옳은 것일까요?"(Fontenelle, *Entretiens sur la pluralité des mondes*, éd. Christophe Martin, GF Flammarion, 1998, p. 155)

몇 시간 지속되었고, 착란에서 벗어나자 이렇게 큰 소리로 외쳤습니다.

"오 클라크와 뉴턴의 신이여, 저를 불쌍히 여기소서!" 그리고 죽었습니다.

손더슨은 이렇게 죽었습니다. 부인께서 보셨지만, 그가 모조리 반박한 목사의 모든 추론은 한 맹인조차 설득할 수 없었습니다. 눈은 보여서 해가 뜰 때부터 아주 작은 별들이 질 때까지 조물주의 존재와 영광을 자연의 정경을 놀라운 눈으로 알게 되지만 정작 손더슨보다 더 훌륭한 논거를 갖지 못한 사람들은 얼마나 수치스러울까요. 그들은 손더슨에게는 없는 눈을 갖고 있지만 손더슨은 그들이 갖지 못한 순수한 도덕과 진솔한 성격을 가졌던 것입니다. 그래서 눈이 보이는 사람들은 맹인으로 살아가고 손더슨은 눈이 보이는 사람이기라도 했듯이 죽었습니다. 손더슨은 그에게 남은 감각기관들을 통해 자연의 목소리를 충분히 들을 수 있었고, 눈과 귀를 고집스럽게 닫고 사는 사람들을 논박하는 그의 증언은 계속 더욱 강력해질 것입니다. 저는 소크라테스가 이교도異教徒의 몽매 때문에 진정한 신을 보지 못했던 것처럼 손더슨은 앞이 보이지 않아 자연의 정경을 볼 수 없었기 때문에 진정한 신을 보지 못한 것은 아니었는지 정말 궁금합니다.

부인, 이 유명한 맹인의 다른 흥미로운 특징이 우리에게 전해졌다면 부인과 제 궁금증이 풀렸을 텐데 그러지 못해 정말 아쉽습니다. 우리가 제안하는 모든 실험보다 그의 답변들로부터 아마 더 많은 지식을 끌어낼 수 있었을 겁니다! 그와 함께 살았던 사람들은 아마도 대단한 철학자들은 아니었음에 틀림없습니다! 하지만 저는 그의 제자였던 윌리엄 인클리프 씨는 여기서 제외합니다. 그는 손더슨을 임종 직전에 만나서 스승의 마지막 말을 기록했습니다. 저는 이 책을 영어를 조금 하는 사람들에게 손더슨의 마지막 말을 1747년에 더블린에서 출판된 저작의 원본으로 읽어보라고 권유하겠습니다. 그 책의 제목은『제자이자 친구인 윌리엄 인클리프가 쓴 캐임브리지대학의 수학 교수 니콜라스 손더슨 박사의 생애와 성격』[91]입니다. 독자들은 이 책에서 만나게 될 아름다움, 힘, 진실, 온화함을 어떤 다른 저작에서도 찾을 수 없을 것입니다. 저는 번역하면서 이런 장점을 보존하고자 노력했으나 부인께 제대로 전해드렸으리라는 자신은 없습니다.

그는 1713년에 복스워스Boxworth의 교구 목사였던 디컨스 씨의 딸과 케임브리지에서 결혼했습니다. 딸 하나 아들 하나

· ·

91. 디드로 연구자들은 이 책을 영국에서도, 프랑스에서도 발견하지 못했다. 그러므로 디드로가 손더슨의 제자 인클리프 씨의 저작에서 옮겼다고 주장하는 위의 내용은 사실 그의 창작이다. 홈즈 목사가 손더슨의 착란을 목격하고 뒤이은 그의 임종을 지켰다는 것도 사실이 아니다.

를 두었는데 두 분 다 아직 살아 있습니다. 그는 가족에게 마지막 인사를 했는데 대단히 감동적이었습니다. "나는 우리 모두 가게 될 곳으로 간다. 내 마음 아플 테니 탄식은 말아다오. 너희가 내게 고통스러운 말을 하게 되면 그 모습을 볼 수 없는 나는 더 슬퍼진단다. 오랫동안 내 바랐지만 계속된 박탈일 뿐이었던 삶을 나는 고통 없이 버리련다. 지금처럼 미덕을 실천하며 더 행복하게 살아가거라. 그리고 평온히 죽는 법을 배우도록 해라." 그리고 그는 아내의 손을 잡아 잠시 손에 꼭 쥐었습니다. 아내를 보려고 했던 것처럼 그는 얼굴을 그쪽으로 돌렸습니다. 아이들에게 축복을 내리고 모두에게 키스를 해주고 물러가 달라 부탁을 하였습니다. 그의 마음은 제게 다가오는 죽음보다 가족이 받을 상처가 더 두려웠기 때문이었습니다.

영국은 철학자들과 호사가들과 체계적 정신을 가진 사람들의 나라입니다. 하지만 인클리프 씨가 없었다면 우리는 지극히 평범한 사람들로부터 알게 될 것 말고는 손더슨에 대해 알 수 없었을 것입니다. 예를 들어 그가 벽과 포석鋪石을 두드릴 때 나는 소리로 한 번 가보았던 장소를 알아차릴 수 있었다는 것이며, 거의 모든 맹인과 함께 가졌던 동일한 본성의 수백 가지 일들이 그렇습니다. 그러니 뭡니까, 영국에서는 손더슨의 재능을 가진 맹인들을 정말 빈번히 만날 수 있답니까? 영국에서는 눈이 보이지 않는데도 광학론 강의를 할 수 있는 사람들을 매일같이 만날 수 있답니까?

선천적 맹인들에게 시력을 회복시켜 주려고들 합니다만 면밀히 검사해 봤다면 제 생각으로는 양식을 가진 맹인에게 질문을 던지는 것이 철학에 그만큼 이득이 되리라는 것을 모두들 알게 되리라 생각합니다. 우선 맹인에게 일어나는 일들의 방식을 알게 될 것이고, 이 일들을 눈이 보이는 우리에게 일어나는 방식과 비교할 것이고, 아마 이렇게 비교하게 되면 시각과 감각 작용의 이론을 대단히 까다롭고 불확실하게 만들어 버리는 난점들이 해결될 것입니다. 그러나 저는 고백하건대 지금 막 고통스러운 수술을 마친 사람에게, 그것도 정말 섬세한 감각기관이라, 아무것도 아닌 사소한 사고로도 해가 되고, 오랫동안 건강한 감각기관의 장점을 누렸던 사람들이라도 실수하게 만드는 그런 기관의 수술을 마친 사람에게 다들 무슨 기대를 그렇게들 하는지 모르겠습니다. 저는 감각 이론에 대해서라면 이제 백내장 수술을 받아 시력을 회복하기는 했지만, 교육도 받지 않고 지식도 갖추지 않은 사람보다는 자연학의 원리, 수학의 기초, 신체를 이루는 모든 부분의 조성에 익숙하게 단련된 형이상학자의 말을 더 흡족하게 듣겠습니다. 눈으로 처음 보게 되는 사람의 답변보다는 어둠 속에서 자신의 연구 주제를 깊이 성찰했을 철학자의 발견을, 시인들의 언어로 말해보자면 시각 현상이 어떻게 이루어지는지 보다 쉽게 알기 위해[92] 제 눈을 후벼 팔 철학자의 발견을 더 신뢰하겠습니다.[93]

실험에 확실성을 부여하고자 했다면 적어도 그 주체를 오래전부터 준비시켰어야 할 것이고, 그를 교육하고, 아마 철학자로 만들었어야 했을 것입니다. 하지만 설령 그가 철학

· ·

92. 이 문단과 뒤이은 두 문단에서 디드로는 방법론적 문제를 제기한다. 어떻게 병리학에서 정상으로 나아갈 수 있는가? 디드로에게 병리학과 정상 사이에는 질적인 차이가 아니라 양적인 차이밖에 없다. 맹인은 감각 하나가 부족하다. 괴물성이 만들어 낸 이 분석은 우리에게 정상에 대해 가르쳐준다. 그러나 비교는 방법론적 주의를 요청한다. 맹인에게 묻는 것과, 수술받은 맹인에게 묻는 것은 다른 것이다. 1. 대단히 민감한 감각기관에 대한 수술의 고통 때문에 관찰은 한참 후에야 가능하다. 이때 어둠 속에서만 환자를 다루는 배려가 필요하다. 2. 수술받은 자가 교양이 없고 무지하면 관찰을 위해 오랫동안 그를 준비시켜야 한다. 3. 그가 처음에 본 것처럼 뉴턴, 데카르트, 라이프니츠, 로크와 같은 진정한 철학자들에 의해 준비되어야지, 편견에 사로잡힌 거짓 철학자들이 준비해서는 안 된다. 이 마지막 지점은 이미 콩디야크가 『인간지식기원론』에서 체셀든의 맹인에 관해 지적한 부분이다. "[…] 이 선천적 맹인을 지켜보았던 사람들은 자기들이 예상했던 생각이 확증되는 것을 볼 기대로 부풀어 있었다"(콩디야크, 『인간지식기원론』, 1부 1과 6장 §16). 그러나 여기서 『맹인에 대한 편지』의 초반을 기억해보자. 거짓 철학자들에 대한 공격은 레오뮈르를 겨냥한 것이다. 방법론적인 주의가 존중되었는가? 그렇지 않다. 이것이 디드로가 몰리뉴의 문제가 해결되지 않았다고 생각한 이유이며, 디드로는 몰리뉴 문제에 대한 방법적 비판 이후에 자신의 가설을 제시하게 된다. (N)

93. 키케로에 따르면 데모크리토스는 더욱 심오하게 사유할 수 있기 위해 자신의 눈을 파냈고, 밀턴은 시각을 잃은 사람에게 천상의 빛이 그만큼 더 잘 비치게 된다고 생각했다. (D)

자라고 해도 철학자가 된다는 것은 한순간에 이루어지는 일은 아닌데, 하물며 철학자가 아닐 경우는 어떻겠습니까? 자기가 철학자라고 믿을 때가 더 나쁜 경우입니다. 수술이 끝나고 오랜 후에야 관찰을 시작하는 것이 적절한 일일 것입니다. 이를 위해서는 환자를 어둠 속에서 치료해야 하고 상처가 다 나아서 눈이 정상이 되었음을 확인해야 합니다. 환자를 단번에 눈 부신 빛이 드는 곳에 노출을 시켜서는 안 된다고 생각합니다. 강한 빛의 광채를 받게 되면 눈이 보이지 않게 됩니다. 이런 광채를 받으면 대단히 민감한 감수성을 가진 감각기관에 어떤 결과가 만들어질까요.[94] 그의 감각기관을 무디게 할 수 있는 어떤 자극도 아직 경험하지 않았는데 말이죠.

하지만 이것으로 끝이 아닙니다. 이렇게 준비가 된 주체에게 교훈을 얻고, 그가 자기 자신 속에 일어나는 일을 정확하게 말할 수 있도록 충분히 정교한 질문을 하는 것은 대단히

· ·

94. 갑작스럽게 강한 광채를 받게 되면 눈이 멀게 된다는 언급은 비단 수술을 마친 맹인에게만 해당되는 것은 아니다. 파스칼은 "권세의 찬란함은 정신의 탐구 속에 있는 사람들에게는 어떤 광채도 나지 않는다. 정신적인 사람들의 위대함은 왕이나 부자, 장군들과 육체적으로 위대한 이 모든 사람에게는 보이지 않는다. 지혜의 위대함은 하느님의 지혜가 아니면 소용없는데, 육적인 사람들이나 정신적인 사람들의 눈에는 보이지 않는다. 이는 세 가지 다른 종류의 질서이다"(파스칼, 『팡세』, 현미애 역, 을유문화사, 2013, 166쪽) 라고 썼다.

섬세한 문제일 것입니다. 이런 질문은 아카데미 회장^{會場} 한복판에서 이루어져야 했을 겁니다. 더 자세히 말하자면 필요 이상의 청중을 부르지 않고, 이 회합에 철학, 해부학 등의 지식을 갖췄기에 마땅히 참여해야 할 사람들만을 불렀어야 합니다. 학식이 가장 뛰어난 사람과 훌륭한 정신을 가진 사람이라도 이 회합에 꼭 맞는 사람은 아닐 것입니다. 선천적 맹인에게 준비를 시키고 질문을 한다는 것이 뉴턴, 데카르트, 로크, 라이프니츠를 하나로 모은 재능을 가진 사람에게 어디 무가치한 일이겠습니까.

　저는 벌써 너무 길어져 버린 이 편지를 오래전에 제기되었던 문제 하나를 다뤄보는 것으로 끝내려고 합니다.[95] 손더슨

. .

95. 어떻게 감각들 간에 연동이 가능한지의 문제는 대단히 중요하다. 고전적 합리주의는 선험적인 판단에 의해서라고, 경험주의는 습관과 [관념들의] 연합에 의해서라고 답한다. 콩디야크는 (귀납적인) 판단이 감각 작용으로 귀결한다고 말한다. 그러나 에른스트 카시러가 『계몽주의 철학』에서 지적한 내용과 『맹인에 대한 편지』의 마지막 부분을 참조해 본다면 상대주의에 이르게 된다. 사실 1729년에 체셀든이 성공시킨 수술은 경험주의를 실험적으로 검증한 것으로 볼 수 있었다. 카시러는 체셀든의 수술은 모든 점에서 "경험주의적 명제가 들어맞는 것처럼 보였"고 "버클리의 이론적인 가설은 이를 통해 확증"되었다고 본다. "이 소년은 수술 후 곧 완전한 시력을 얻은 것이 아니라 시각적으로 나타난 물체의 형태들을 구별하기 위해서 얼마 동안 노력을 들여 배워야 했"기 때문이다. "이로써 촉각의 공간적 소여와 시각의 공간적 소여 사이에는 원천적인 내적 유사성이 없다는 사실이 밝혀지고 이 양자의 연관성은 이것들의 습관적 결합의 결과로써만 얻어진다는 사실이 밝혀졌다. 이것이 사실이라면 우리는 모든 감각에 대해,

이 처했던 특별한 상황에 대해 몇 가지 성찰을 해보니, 저는 이 문제가 전혀 해결되지 않았음을 알게 되었습니다. 선천적 맹인이 성인이 되어, 촉각을 통해 똑같이 금속으로 되었고 거의 크기가 비슷한 입방체와 구체球體를 구분하는 법을 배웠다고 합시다. 그래서 그는 입방체와 구체를 만지면 어떤 것이 입방체이고 어떤 것이 구체인지 말할 수 있게 되었습니다. 이 입방체와 구체를 탁자 위에 올려놓고 맹인이 시력을 회복했다고 가정하고 그 맹인은 이 둘을 만지지 않고 눈으로

. .

말하자면 동일한 기제로서의 동일한 공간을 말할 수 없게 된다. 라이프니츠가 정신의 산물이라고 한 동일한 공간은 이제 단순한 추상물에 지나지 않는다. […] 이 공간들 사이에는 단지 반복된 경험의 소산인 규칙적 결합만이 있을 뿐이요, 이 결합에 의해 공간들은 서로서로 다른 공간들을 상징하거나 표상할 수 있게 된다. 이제 이 감각 공간 중에서 어느 것이 참된 공간인가 하는 물음에는 의미가 없다. 그것들 모두는 동등한 타당성을 지닌다. 이중 어떤 것도 더 높은 확실성, 객관성, 혹은 보편성을 지니는 것이 아니다. 소위 객관성, 진리, 필연성이라고 불리는 것들은 절대적인 것이 아니라 단지 상대적인 의미만을 지닌다. 감각기관들은 각기 자신의 고유한 세계를 지닌다. 우리가 여기서 할 수 있는 것은 이 세계를 하나의 공통 요소로 환원하는 일이 아니라, 이것들을 순전히 경험적으로 파악하고 분석하는 일이다"(에른스트 카시러, 『계몽주의 철학』, 박완규 역, 민음사, 1995, 159~160쪽). 그렇지만 결국 카시러나, 디드로의 『맹인에 대한 편지』의 마지막 부분을 읽어보면 상대주의에 이르게 된다. 실제 공간이란 무엇인가, 생명이란 무엇인가, 버클리가 가르치듯이 촉각이란 무엇인가? 서로 다른 감각들은 서로 다른 세계를 만들게 된다. 이 문제를 더 멀리 밀고 나가서 몰리뉴의 문제가 지각에서 판단의 역할, 즉 긍정되거나 부정된 정신의 영적인 부분에 대해 주의를 끌었다고 말해보도록 하자. (N)

보기만 하면서 구체와 입방체를 구분해서 어느 것이 구체이고 어떤 것이 입방체인지 말할 수 있는지 묻는 것입니다.

이 문제를 처음으로 제기하고 해결하고자 했던 사람은 몰리뉴 씨[96]였습니다. 그는 이 맹인이 구체와 입방체를 구분

<hr />

96. 로크는 『인간지성론』에서 모든 지식은 감각 작용을 통한 외부 대상들의 경험에서 오거나, 성찰을 통한 우리의 내적 작용에서 온다는 점을 확인했다. 로크는 아일랜드의 철학자이자 법률가였던 윌리엄 몰리뉴(1658~1692)가 보낸 두 편지(1688년 7월 7일, 1693년 3월 2일)에서 제시되었던 촉각을 통해 입방체와 구체를 구분하는 법을 배운 선천적 맹인이 시력을 회복한다면 그 둘을 촉각을 사용하지 않고 구분할 수 있을까? 라는 질문을 받았다. 로크는 몰리뉴가 제시했던 문제를 『인간지성론』 2판에 포함시켰고, 몰리뉴와 마찬가지로 "구분할 수 없다"고 답했다. 맹인은 시각과 촉각의 감각 작용을 경험을 통해서만 조화시킬 것이라는 이유에서이다.

18세기를 뜨겁게 달구었던 이 문제는 어떤 의미인가? 이 문제는 상이한 감각들 사이에 어떤 관계가 있는지 묻는 것이다. 상이한 모든 감각은 동일한 정보를 제공하는가? 그렇지 않다면 우리의 감각 경험은 이를 중개하는 감각에 따라 질적으로 차이를 갖게 될까?

라이프니츠는 콩디야크와 마찬가지로 "구분할 수 있다"고 답했지만 그 이유는 서로 달랐다. 그는 『신인간지성론』에서 맹인이 구체와 입방체를 구분할 수 있다고 주장했고, 그렇게 대답한 이유는 맹인이 촉각을 통해 기하학을 배울 수 있으리라는 것이었다. 그렇지 않다면 마비 환자들의 기하학 따로, 맹인들의 기하학 따로일 것이다. 맹인처럼 마비 환자에게도 정확한 관념에 기초한 기하학이 존재한다. 공동의 이미지, 즉 공동의 감각 자극이 존재하지 않는다는 것은 이 문제와 전혀 관련이 없다. 정확한 관념, 즉 정의를 갖는다면 맹인은 항상 추론할 수 있을 것이다. 시각으로 보이는 구체는 입방체가 가진 여덟 개의 점을 갖지 않으며, 그러므로 촉각으로 감각한 구체와 동일하다고 판단할 것이다. 감각 정보의 결과들 사이에는 모순이 있을 수 없다.

이와 반대로 콩디야크는 『인간지식기원론』에서 지각의 층위에서는

할 수 없을 것이라고 주장했습니다. 그는 그 이유가 "[그 맹인이] 입방체와 구체가 어떤 방식으로 촉각을 자극하는지 경험으로 배웠더라도, 이런저런 방식으로 그의 촉각을 자극 하는 것이 이런저런 방식으로 눈을 자극한다는 것도, 손이 닿았을 때 고르지 않은 방식으로 손을 누르는 입방체의 돌출 한 각이 그의 눈에도 입방체에서 보이는 그대로 보이게 된다

어떤 판단도 존재하지 않는다고 주장한다. 그가 생각하기에 즉각적으로 작용되는 시각은 보러 가고, 감각하러 가는 움직임이 우리에게 마련해줄 수 있을 운동과 촉각의 감각 작용이 없더라도 형상과 크기의 관념을 제시할 수 있다. 시각과 운동의 감각 작용이 연합하는 경험이 없이도 말이다. 그러나 콩디야크는 이후에 출판한 『감각론』에서 "감각들 간의 상호 교육의 존재"를 인정하게 된다.

버클리는 『새로운 시각 이론에 대한 시론』에서 로크의 입장을 한층 더 깊게 밀고 나갔다. 그는 시각과 촉각의 대상들이 서로 전적으로 다른 관념의 두 가지 범주라고 주장했다. 앞을 보기 시작한 맹인은 대상들을 즉각적으로 구분할 수 없으므로, 그 대상들을 같은 이름으로 묶을 수 없다. 버클리는 언어만이 상이한 감각에서 비롯한 관념들을 묶을 가능성을 제공한다고 본다.

디드로가 취한 입장은 미묘하다. G. Evans의 지적대로 디드로는 구체와 입방체를 원과 사각형으로 대체하고 있는데, 이는 높이를 나타내는 표지들 을 해석하는 문제를 제외할 수 있기 때문이다. 그때 몰리뉴의 문제는 맹인이 2차원으로 굳어진 개념들을 3차원의 경험으로 확장시킬 수 있는가 의 문제가 된다. 디드로는 "그렇다"고 대답한다. 지각의 장에서 한 대상의 표면상의 위치를 경험할 때 다른 대상들과의 공간적인 관계에 대한 사전의 지각도, 언어도 거치지 않는 것 같아 보이기 때문이다. 준거틀은 지향적인 것이다. 그렇지만 디드로는 지각이 문화가 만든 교육적이고 실천적인 전통과 완전히 분리될 수는 없다고 보았다. (GF)

는 것도 아직 모르기 때문"이라고 말했습니다.

이 문제를 문의받은 로크는 이렇게 말했습니다. "나는 몰리뉴 씨의 의견에 전적으로 동의한다. 나는 그 맹인이 입방체와 구체를 만지면 촉각으로 알게 된 형태의 차이를 통해 두 물체의 이름을 말하고 확실히 둘을 구분할 수 있겠지만 이 두 물체를 바라보기만 하는 것으로 그친다면 첫눈에 무엇이 입방체고 무엇이 구체일지 자신 있게 확신할 수는 없으리라 믿는다."

콩디야크 신부는 부인께서 대단히 즐겁고 유용하게 읽으셨던 『인간지식기원론』 및 제가 이 편지에 동봉해 보내는 탁월한 『체계론』의 저자로, 이 문제에 대해 특별한 생각을 내놓았습니다. 어떤 근거로 그가 그렇게 생각했는지 부인께 상세하게 말씀드릴 필요는 없습니다. 그렇게 되면 그 근거들이 대단히 철학적이고 멋지게 제시되었기에 제가 손을 대면 그 근거들의 방향이 바뀔 위험이 있으므로, 부인께서 그 저작을 다시 읽으면서 갖게 되실 즐거움을 빼앗게 될지 모를 일입니다. 대신 저는 이 근거들 모두가 선천적 맹인은 아무것도 보지 못하거나, 입방체와 구체를 다르게 본다는 점을 증명하고 있으며, 모두 본 문제에 이 두 물체가 거의 같은 크기의 동일한 금속으로 되어 있다는 조건을 붙이는 것이 적절하다고들 판단했지만 사실 그 조건은 불필요한 것이었음을 관찰하는 것으로 만족하겠습니다.[97] 이 점은 반박의 여지가 없습니다. 사실 이렇게 말할 수도 있었을 것입니다. 로크 씨와 몰리뉴 씨가 주장하듯이 시각의 감각 작용과 촉각의 감각 작용 사이에 본질적인 관계가 전혀 존재하지 않는다면 이 두 철학자는 직경이 2피에약 60㎝로 보이는 물체가 손을 대면 사라질지 모른다는 점에 동의해야 합니다. 그런데 여기서 콩디야크 씨는 선천적 맹인이 두 물체를 보고 그두 물체의 형태를 구분할 때 어떤 판단을 내려야 할지 주저한다면 이는 대단히 섬세한 형이상학적인 근거를 통해서일 수밖에 없음을 추가합니다. 그 근거들에 대해서는 곧 부인께 설명하겠습니다.

그래서 일류 철학자들 사이에서 동일한 문제를 두고 두가지 상이한 생각이 구분되고 있습니다. 몰리뉴 씨, 로크씨, 콩디야크 신부와 같은 이들이 이 문제를 다룬 뒤, 더이상 논의할 것이 없게 된 것처럼 보였습니다. 그렇지만같은 문제라도 수많은 측면을 갖는 것이니 이분들이 모든측면을 전부 검토한 것은 아니라 해도 놀랄 일은 아니겠습니다.

선천적 맹인이 입방체와 구체를 구분할 수 있으리라고

---

97. 콩디야크, 『인간지식기원론』, 1부 6절 §2 및 §5(부록 참조).

주장했던 사람들은 아마 중요하게 검토해야 할 한 가지 사실을 가정하는 것으로 시작했습니다. 즉 선천적 맹인이 백내장 수술을 받은 직후 바로 눈으로 보게 될지의 여부입니다. 그들은 그저 이렇게만 말했습니다. "선천적 맹인은 촉각을 통해 얻었던 구체와 입방체의 관념과 시각을 통해 얻게 된 구체와 입방체의 관념을 비교해 보면서 그 두 관념이 동일하다는 점을 틀림없이 알게 될 것이다. 그래서 눈으로 보았을 때 구체의 관념을 주는 것이 입방체였고 입방체의 관념은 구체에서 얻었다고 말한다면 정말 기이한 일일 것이다. 그러므로 맹인은 촉각을 통해 구와 입방체로 부른 것을 시각을 통해서도 구와 입방체라고 부르지 않겠는가?"[98]

• •

98. 디드로는 여기서 『짐승의 마음에 대한 철학 논고 *Essai philosophique sur l'âme des bêtes*』(1728, II, VI, § 18)에서 몰리뉴의 문제에 답했던 라이프니츠주의자 불리에를 암시하고 있다. "문제는 시각과 촉각의 감각 작용이 아무리 서로 다를지라도 [이 두 감각 작용이] 근본적인 동일한 관념을 포함하지 않고, 동일한 대상을 재현하지 않고, 정신에 영향을 주지 않는 것인지 아는 일이다. 내가 더듬는 것과 내가 보는 것은 연장을 가진 실체라고 말하면서 그 두 감각 작용의 토대, 혹은 공통의 원리인 것처럼 그 동일한 대상에 이들을 연관시키는 것이 자연스러운 그런 방식으로 말이다. 예를 들어 보여진 구체의 관념과 만져진 구체의 관념은 부수적인 지각을 서로 다른 방식으로 동반함에 따라 다양하게 변형될지라도 본질적으로 동일하다. 내 손이 어떤 물체를 만진다거나 내 눈이 그 물체를 볼 때 그 물체의 연장에 관한 관념은 이 두 가지 길을 통해 똑같이 내 정신 속에 새겨지게 된다. 이렇게 말할 수 있다면 서로 더욱 분명하고, 서로 더욱 명확해지더라도 말이다. 맹인이 더 이상 맹인이 아니게 되어 자기가 만져보았던 구체를

그런데 그들의 의견에 반대하는 이들은 어떤 대답과 추론을 내놓았을까요? 그들은 똑같이 맹인이 수술을 통해 건강한 눈을 갖게 되자마자 바로 볼 수 있으리라고 가정했습니다. 그들은 백내장 수술을 한 눈이나 마비에서 풀린 팔이나 같다고 생각했습니다. 그들은 마비가 풀린 팔이 감각을 느끼는데 연습이 필요 없듯이 백내장 수술을 받은 눈이 앞을 보는 것도 마찬가지라고 했습니다. 그들의 말을 계속 들어 보겠습니다. "그 선천적 맹인이 여러분이 생각하는 것보다 조금 더 철학을 갖추었다고 해보자. 그 맹인은 여러분이 추론을 멈춘 지점까지 추론을 한 뒤에도 추론을 계속할 것이다. 그 두 물체에 다가가 손을 올려놓을 때 그 물체들이 갑자기 내 예상을 뒤엎고 입방체는 구체의 감각을, 구체는 입방체의 감각을 갖도록 하지 않으리라는 점을 나는 어떻게 확신할 수 있는가? 시각과 촉각의 관계가 일치하는지 내게 알려줄 수 있는 것은 오직 경험뿐이다. 이 두 감각은 내가 전혀 모르는 모순적인 관계를 가질 수도 있는 것이다. 내가 만진 것이 동일한 물체임을 누가 내게 알려주지 않았다면 나는 지금 내 눈앞에 나타난 것은 그저 순전한 외관에 불과할 뿐이라고 믿어버릴지도 모를 일이다. 이것이 정말이지 내가

● ●

보게 되어, 색채의 방식으로 촉각이 그에게 가르쳤던 구체의 동일한 관념을 지각하지 않는다면 그에게는 다른 일이 일어나지 않는다." (D)

입방체라고 불렸던 물체임이 틀림없어 보이고, 저것이 구체라고 불렸던 물체임이 틀림없어 보일 수 있다. 그렇지만 내가 받은 질문은 그것이 내게 어떻게 보이는지가 아니라 그것이 실제로 무엇인지였다. 그러므로 나는 이 마지막 질문에 전혀 만족스러운 답변을 할 수 없다."[99]

　『인간지식기원론』의 저자는 위의 추론이 선천적 맹인에게 대단히 난처한 것일 수밖에 없을 것이며, 이 문제에 답변할 수 있는 것은 경험밖에 없을 거라고 말했습니다. 콩디야크 신부가 여기서 언급하고자 하는 경험은 선천적 맹인이 물체들을 두 번째로 만져보면서 반복하게 되는 경험일 뿐임이 확실해 보입니다. 부인께서는 조금 후에 제가 왜 이런 지적을 하는지 알게 되실 겁니다.[100] 더욱이 우리의 능숙한 형이상학

• •

99. 디드로는 콩디야크가 로크에게 가한 반박을 되풀이하고 있다. 로크는『인간지성론』에서 눈으로 볼 수 있게 된 맹인이 "첫눈에 보고 어느 것이 구체이고 어느 것이 입방체인지 보기만 하는 것으로 만족했다면 그 대답을 확실하게 말할 수 없을 것"(II, IX, §8)이라고 말하면서 몰리뉴의 입장을 지지했다. 그러나 콩디야크는 선천적 맹인은 촉각을 통해 이미 연장의 관념을 형성했고, 그러므로 촉각을 통해 형성했던 관념들을 보게 될 것이므로 구체와 입방체를 구분할 수 있다고 반박한다. 그가 의심하는 유일한 지점은 시각적 지각과 촉각적 지각이 일치하게 될지의 여부이다. 콩디야크에 따르면 이 논변이야말로 유일하게 타당한 것이지만 이는 로크의 것이 아니다. "논거는 난처해지게 될 것이고, 나는 이에 답할 수 있는 것은 오직 경험이라고 생각한다. 그러나 그것은 로크의 주장도, 버클리의 주장도 아니다"(콩디야크, 『인간지식기원론』, 1부 6절 §14 (부록 참조))

자는 제가 앞에서 지적했듯이 선천적 맹인은 거울이 두 감각을 모순에 빠뜨린다고 상상했으므로 그런 일이 그만큼 터무니없는 일은 아니라고 생각하리라고 덧붙일 수도 있었습니다.

그런 다음 콩디야크 씨는 몰리뉴 씨가, 제시한 문제를 선천적 맹인이 형이상학으로 인해 갖게 될 난점들을 예방할 수도 제거할 수도 없도록 하는 여러 조건을 붙여 복잡하게 만들었다고 지적합니다. 이 지적은 우리의 선천적 맹인이 형이상학을 가졌다는 가정을 그대로 유지하는 것이므로 그만큼 더 정당한 것입니다. 이 철학적 문제에서 이 경험은 언제나 철학자, 즉 제시된 문제에서 추론과 감각기관이 처한 조건을 통해 알아차릴 수 있는 모든 것을 포착할 수 있는 사람만이 갖게 되는 것 같습니다.

부인, 이 문제의 찬반 논쟁을 이상과 같이 요약했습니다. 부인께서는 지금부터 제가 말씀드리는 고찰을 통해 선천적 맹인이 형상을 보고 물체를 구분할 것이라고 주장했던 사람들은 자기들이 옳았다는 사실을 얼마나 알아차리지 못하고

100. "구와 입방체의 크기가 거의 같아야 한다는 점을 요청하면서 [로크]는 시각은 어떤 판단의 도움도 받지 않고 다양한 크기의 관념을 제시할 수 있다는 생각을 강하게 비쳤다. 그런데 이는 모순이다. 형상이 주어지지 않았는데 크기의 관념을 어떻게 가질 수 있을지 이해가 되지 않기 때문이다"(콩디야크, 『인간지식기원론』, 1부 6절 §5 (부록 참조)).

있었는지, 또 이 주장을 부정했던 사람들은 자기들이 틀리지 않았다고 생각한 것이 얼마나 옳았던 일인지 알게 되실 겁니다.

선천적 맹인의 문제를 몰리뉴 씨가 제시했던 것보다 조금 더 일반적으로 취해본다면 이 문제는 두 가지 문제를 한데 포함하고 있습니다. 우리는 이를 분리해서 살펴봐야겠습니다. 1. 선천적 맹인은 백내장 수술이 끝나자마자 바로 볼 수 있는가. 2. 맹인이 보게 된다면 형상들을 충분히 구분할 수 있을 정도로 뚜렷이 볼 수 있는가, 촉각을 통해 붙였던 것과 같은 이름을 눈으로 볼 때 확신을 갖고 붙일 수 있을 것인가, 또 그렇게 붙인 이름이 타당하다는 것을 논증할 수 있는가.[101]

••

101. 몰리뉴의 문제에 대한 "찬반 논쟁"을 제시한 뒤 디드로는 자신의 대답을 내놓고자 한다. 두 진영에 각각 근거가 있지만 이 문제를 몰리뉴보다 더 원천적으로 짚어본 다음, 다음의 두 문제를 구분해야 한다. 1. 선천적 맹인은 수술 후에 '즉각' 보게 될까? 이는 경험의 문제를 드러내는 일이다. 2. 선천적 맹인은 형상을 구분하고, 촉각을 통해 붙였던 이름을 각각의 물체에 붙일 수 있을까? 이것은 판단의 문제로 콩디야크는 이를 부정했고, 로크는 수용했다.

　1. 맹인이 즉각 볼 수 없다고 주장하는 사람들은 기대하는 망막 이미지(콩디야크의 §3, 4, 5절 (부록 참조))를 언급하면서, 촉각과 운동으로 얻은 '거리'(혹은 부조)며 객관성을 부정한다. 우리는 촉각과 물체 고유의 운동을 통해 대상들의 독립성을 확신하게 되기 때문이다. 그리고 그들은 존재는 곧 시각의 지각이라는 말로 환원되어 계속 나타났다 사라졌다를 반복하는

대상의 항구성(유모를 통해 배우게 되는 항구성)도 부정한다. 그래서 눈은 다른 감각의 도움을 받아야지 혼자서는 학습할 수 없다. 체셀든의 맹인은 오랫동안 크기, 위치, 형상을 구분하지 못했다(콩디야크, §15; 볼테르, 『뉴턴철학의 기초』(이상 부록 참조); 뷔퐁, 『자연사 *Histoire naturelle*』(t. III, p. 314)).

즉각 볼 수 없다는 데 동의하는 사람들은 이 주장에서 어떤 결론을 끌어내는가? 1. 눈은 경험을 얻어야 한다. 2. (콩디야크의 『인간지식기원론』을 넘어서서) 주의집중, 성찰의 습관, 판단 및 다양한 감각에서 얻은 정보들 사이에 규칙적인 관계를 세우는 자연의 "무한한 보편" 법칙의 역할을 잊지 말아야 한다. 그 법칙들은 다양한 감각들의 소여들 사이에서 규칙적인 관계를 세우는 것이다.

이 두 결론에 대해 디드로의 입장은 다음과 같다. 1. 눈은 어느 정도 한계를 갖지만 스스로 경험을 얻을 수 있고, 실제로 감각들의 도움은 상호적이다. 2. "생생히 살아 있는 눈"만 가지고는 객관적인 존재, 거리, 형상, 상대적인 크기, 물체들의 높이나 깊이를 알 수 없겠지만, 결국 그 눈은 조잡하게나마 그 경계를 구분하게 될 것이다. 그렇지 않다면 망막 이미지가 경이로울 정도로 정확하다는 것이 무슨 소용일 것인가?(1754년 12월 1일 자 『문예통신』에서 그림(M. Grimm)은 콩디야크와 뷔퐁이 망막 이미지를 전도하는 것으로 시작했다고 비난하고 있다. 망막 이미지는 경험과 판단이 세우는 것이라는 것이다. "죽은 눈을 가지고 한 실험을 살아 있는 눈에 유보 없이 적용하는 것은 무모하지 않은가? 도대체 어떤 근거로 살아 있는 눈이 물체들에 반사되는 빛줄기들을 계속 받아들이기만 한다고 판단할 수 있을까? 눈이 자기에게 작용하는 물체들에 작용하고, 이들을 자기 외부로 내보냈다가 이중 초점을 통해 다시 세운다는 것을 어떻게 부정하는 것일까?") 더욱이 눈은 촉각을 통해 색깔들을 구분하는 것이 아니다.

눈이 배우는 데 얼마만 한 시간이 필요할까(콩디야크, §16(부록 참조))의 문제. 눈의 메커니즘이 조정되고 일관되게 판단이 이루어지는 일이 한순간에 이루어지지 못할 이유가 무엇인가? 착시가 일어나면 우리 습관은 '즉시' 혼란에 빠진다. 착시는 판단하는 데 항상 반드시 필요한 경험도 아니고,

항상 틀리지 않는 것도 아니라는 점을 증명한다. 여러분의 앵무새로 판단하는 것이다. 배우는 데 두 달이 걸리지만 이는 중요한 일이 아니다. 디드로는 "이로부터 내 결론은 감각기관의 경험이 필요하다는 것일 뿐, 그 감각기관이 경험하는 데 촉각은 전혀 필요 없다는 것이다"라고 말한다. 방법론을 신중하게 취할 필요가 있고, 관찰자를 교육할 때는 콩디야크처럼 암흑과 빛을, 서로 대립하는 행복과 불행처럼 결여로 다루기까지 하는 체계를 따르는 인물로 만들어서는 안 된다는 점으로 다시 돌아오고 있다. ("중단되지 않고 연속된 감각 작용으로는 우리의 행복, 우리의 불행도 생기지 않는다."(『백과사전』, 〈필요(besoin)〉 항목, t. II, p. 213))

눈이 스스로 경험을 쌓을 수 있고, 조잡하지만 물체들의 경계를 구분하는 데 이를 수 있다는 것은 우리가 첫 번째 문제에서 가져온 것이다. 두 번째 문제는 수술을 받은 맹인이 촉각을 통해서 알게 되었던 형상들을 시각만을 가지고 구분하고 이에 대해 말할 수 있는지에 대한 것이다.

결정적으로 지나치게 교양을 갖지 못한 환자는 제외하고, 로크와 같은 형이상학자를 취해야 한다. 그 형이상학자는 가시적인 것과 촉각적인 것이 일치하는지 두려움 없이 확신하지 못하고, 개연적으로만 답변할 것이다. 이번에는 손더슨과 같은 수학자를 취해보자. 그러면 그는 확고한 태도로 결론을 내릴 것이다. 여기서 디드로는 입방체를 정사각형으로, 구를 원으로 대체하면서 문제를 단순하게 만들었는데, 이는 거리나 깊이의 지각에 대해 앞에서 만났던 난점에 다시 빠지지 않기 위해서이다.

사실 이 문제는 기하학 형상과 관련을 지었으므로 이미 단순화되었다. 그런데 사각모처럼 보다 복잡한 용도를 가진 대상을 맹인은 알아차리게 될까? 사물과 용도 사이에는 기하학적 관계가 더 이상 존재하지 않는다. 그러므로 아름다움(이나 취향)은 유용성을 벗어난다. 그러므로 시각을 회복한 맹인은 시각으로써 사람을 나무로, 나무를 사람으로 간주할 수 있을 것이다. 눈이 없다면 우리는 대리석 더미가 생각하고 느낀다고 가정할 수 있을 것이다(우리 생각으로는 이 문단의 마지막 부분은 데카르트가 자기 뜻과는 무관하게 그의 이원론을 통해 이미 제기된 유물론의 근본 문제를 지적하고 있다. 홉스와 가상디가 반박하듯이 데카르트는 물질이 사유할 수 없음을 증명하지 못했다).

선천적 맹인은 시력을 회복한 후 즉각 볼 수 있을까요? 볼 수 없으리라고 주장하는 사람들은 이렇게 말합니다. "선천적 맹인이 눈을 이용할 수 있는 능력을 갖추게 되자마자 눈 가장 안쪽에 그가 기대하는 정경 전체가 그려지게 된다. 이 이미지는 대단히 협소한 공간에 모인 무한히 많은 대상으로 이루어진 그저 형상들이 잡다하게 섞여 있는 더미일 뿐이어서 그는 이 형상들 하나하나를 뚜렷이 구분할 수 없을 것이다. 경험만이 대상들의 거리를 판단하는 법을 가르쳐줄 수 있으며, 그 대상들이 자신의 일부분이 아니고, 자기 존재와 별개이고, 때로는 자기와 가까이 있고 때로는 멀리 떨어져 있음을 확신하려면, 그 대상들에 다가가서, 만져보고, 멀어져보고, 다시 다가가고, 다시 만져보지 않으면 안 된다는 데 대부분 동의한다.[102] 왜 대상들을 알아보는데 반드시 경험이

● ●

디드로는 눈이 보이지만 촉각을 결여한 자, 시각을 잃었지만 촉각을 가진 자, 시각과 촉각이 영원히 모순 관계에 있는 자(그에게는 연장, 지속, 형상, 정서적인 가치들이 사라져 버린다)를 가정하면서 그의 분석에 결론을 내리게 된다. 모순되지 않았다는 것만으로는 회의주의에서 벗어날 수 없고, 형이상학의 존재들은 우리의 지각을 벗어나고, 수학적 진리는 결국 동어반복으로 귀결한다. (N)

102. 버클리는 "시각을 되찾은 선천적 맹인은 처음에는 자기가 본 사물이 자기 정신 밖에 존재하거나, 자기와 거리를 두고 존재한다고 생각하지 못할 것이다. [⋯] 시각의 관념들은 우리가 그 관념들 덕분에 거리가 있고, 우리와 사물 사이에 존재하는 거리를 포착할 때 실제로 거리를 두고 존재하는 사물들을 전제하지도, 지시하지도 않고, 우리에게 단지

필요한 것일까? 경험 없이 처음으로 대상이 나타나는 것을 알아본 사람은 그 대상들이 자기로부터 멀어지거나 자기가 그 대상들로부터 멀어져, 시야 밖으로 사라져 버린 대상들은 더 이상 존재하지 않는다고 생각한다. 그 자리에 항구적으로 머물러 있는 대상들, 그러니까 우리가 두었던 바로 그 자리로 돌아가면 다시 보게 되는 대상들이 만들어 주는 경험만이 우리가 멀어졌어도 그곳에 계속 존재한다는 점을 확인해 주기 때문이다. 아마 이러한 이유로 아이들은 갖고 있던 장난감이 사라져도 금세 괜찮아지는 것 같다. 이를 아이들은 금세 잊어버리기 마련이라고 해서는 안 된다. 두 살 반 나이로 한 언어의 상당히 많은 단어를 알고 있는 아이들이 있는데 이런 아이들이 단어들을 기억하는 것보다 이를 발음하는 데 더 고생을 한다는 점을 고려한다면 어린 시절이란 기억의 시간이라는 점을 확신할 수 있다. 그러니 이때는 아이들이 더 이상 보이지 않는 것은 더 이상 존재하지 않는다고 생각한다는 것이 더 자연스럽지 않은가? 아이들 시야에서 벗어났던 대상들이 그들 눈앞에 다시 나타났을 때 그들은 기쁨과 경탄

• •

이러저러한 시간 간격을 두고 이러저러한 행위의 결과에 따라 우리 정신 속에 새겨지게 될 촉각의 관념들만 알려줄 뿐이다(『인간 지식의 원리 *Principes de la connaissance humaine*』(1710), §43~44, tr. D. Berlioz, Flammarion, 1991, p. 89)라고 말했다.

을 동시에 느낀다. 유모들은 아이들에게 얼굴을 가렸다가 갑자기 얼굴을 내보이는 간단한 놀이를 통해 아이들이 부재하는 존재들의 지속 개념을 획득하도록 돕는다. 이런 방식으로 아이들은 15분에 100회씩 더 이상 보이지 않는 것이라도 계속 존재한다는 경험을 얻는다. 이로부터 우리는 경험을 통해 대상들이 연속적으로 존재한다는 개념을 갖게 되며, 대상들과의 거리에 대한 개념은 촉각을 통해 얻게 되며, 언어를 말하는 법을 배워야 하듯 눈도 보는 법을 배워야 하며, 한 가지 감각의 도움이 다른 감각에 반드시 필요하다는 데 놀랄 것이 없으며, 우리 외부의 대상들이 우리 눈앞에 놓였을 때 그 대상들이 존재한다는 점을 확신케 해 주는 촉각은 아마 우리에게 이들 대상의 형상들이며 다른 변형들이 아니라 대상들의 현전 자체를 확인시켜 주게 된 감각이라는 결론이 도출된다.”

이 추론에 체셀든의 유명한 실험이 추가됩니다. 저 능숙한 외과 의사의 집도로 백내장 수술을 받은 젊은이는 오랫동안 크기, 거리, 위치, 형상을 구분하지 못했습니다. 눈앞에 1푸스의 물체를 가져다 대면 그의 눈에는 집이 가려지게 되니 그 물체가 집만큼 크게 보였습니다. 눈앞에 물체들을 가져가면 촉각의 대상들이 피부에 닿듯이 그 물체들이 그에게는 눈에 닿아 있는 듯했습니다. 자기가 손으로 만져보면서 둥글다고 판단했던 것과 모났다고 판단했던 것을 구별할 수 없었으며, 위나 아래에 있다고 느낀 것과 실제로 위나 아래에 있는 것을 구분할 수도 없었습니다. 결국 그는 자기 집이 자기 방보다 더 크다는 점을 알게는 되었지만 이것이 쉬운 일은 아니었고, 그는 어떻게 눈이 자기에게 그런 관념을 갖게 해 주는지 전혀 이해하지 못했습니다. 그림이란 입체로 된 대상들을 재현한 것임을 확신하는 데 수많은 반복 경험이 필요했습니다. 그림들을 계속 들여다보다가 자기가 보고 있는 것이 그저 평면이 아니라고 확신하고선 그림에 손을 대어 봅니다. 그리고선 돌출된 부분이란 전혀 없는 그저 납작한 평면이라는 사실을 깨닫고선 대경실색했습니다. 그러고는 그것이 촉각의 착각인지 시각의 착각인지 물었습니다. 이뿐이 아닙니다. 야만인들도 그림을 처음 보고선 똑같이 행동했습니다. 채색된 형상을 살아 있는 사람으로 보고선 말을 걸어보았으나 아무런 대답도 돌아오지 않자 깜짝 놀랐습니다. 야만인들의 이런 오류는 정말 그들이 보는 습관이 들지 않았기 때문은 아닌 것입니다.

하지만 다른 난점들에 대해서는 어떻게 대답할 수 있을까요? 사실 사람의 경험 많은 눈은 아기나 백내장 수술 후 선천적 맹인이 바로 얻은 완전히 새롭고 무딘 눈보다 물체들을 더 잘 봅니다. 부인, 콩디야크 신부가 『인간지식기원론』의 말미에서 체셀든이 수행하고 볼테르 씨가 보고한 실험에 반론으로 제시했던 모든 증거들을 살펴보십시오. 처음으로 빛의 자극을 받은 눈에 그 빛이 어떤 결과들을 만들어 내는지, 눈의 체액, 각막, 수정체 등에서 획득한 조건들은 어떤 것인지가 대단히 명확하고 강력하게 제시되어 있어서, 처음으로 눈을 뜬 아기나 방금 수술을 마친 맹인의 경우 시각 작용은 대단히 불완전하게 이루어진다는 점을 의심할 수 없습니다.

그러므로 우리는 다음과 같은 점에 동의하지 않을 수 없습니다. 첫째, 수많은 사물이 누구에게라도 똑같이 눈 가장 안쪽에 그려지지만 아이며 선천적 맹인은 이를 알아차리지 못하고, 우리는 대상들에서 그 사물들을 보게 된다는 점이 틀림없습니다. 둘째, 대상들이 우리를 자극하는 것으로는 충분하지 않고, 우리가 대상들의 자극에 주의를 기울여야 합니다. 셋째, 그 결과 처음으로 눈을 사용할 때는 아무것도 보이지 않습니다. 넷째, 시각 작용이 처음으로 이루어질 때 우리를 자극하는 것은 무수히 많은 모호한 감각 작용일 뿐이며, 그것은 시간이 흘러 우리 안에서 일어나는 일에 대해 성찰의 습관을 들인 뒤에야 비로소 뚜렷해집니다. 다섯째, 우리는 경험을 통해서 감각 작용과 그 감각 작용을 일으킨 원인들을 비교하는 법을 배우게 됩니다. 여섯째, 감각 작용은 본질적으로 대상과 전혀 닮은 데가 없으므로 우리는 경험을 통해 순전히 인위적으로 보이는 유사 관계를 배우게 됩니다. 한마디로 말해서 촉각은 물체와 그 물체를 대상으로 한 재현이 일치한다는 정확한 지식을 눈에 가르치는 기능을 한다는 점이 확실합니다. 자연 전체가 수많은 보편적인 법칙으로 실행되는 것이 아니라면, 예를 들어 어떤 딱딱한 물체에 찔리면 고통스럽지만 그와는 다른 물체들에 찔리면 쾌락이 동반된다면, 우리는 신체를 보존하고 건강한 상태를 유지하기 위해 반드시 필요한 경험들의 일억 분의 일도 얻지도 못한 채 죽을 수도 있습니다.

그렇지만 저는 눈이 스스로 익힐 수 없다고, 이렇게 말할 수 있다면 혼자서 경험할 수 없다고는 전혀 생각하지 않습니다. 물체들이 존재하고 어떤 형상을 갖는지 촉각을 통해 확신한다면 눈으로 볼 필요가 어디 있으며, 시각으로 똑같은 정보를 확보할 수 있는데 촉각을 사용할 이유가 무엇입니까? 물론 저는 촉각이 갖는 장점들을 알고 있고, 손더슨이나 퓌조의 맹인의 문제를 다뤘을 때 그 모든 장점을 전혀 숨기지 않았습니다. 하지만 저는 촉각에 바로 그 장점이 있다고는 인정하지 않았습니다. 한 가지 감각이 다른 감각의 관찰에 힘입어 완벽해지고 촉진될 수 있다는 점은 어렵지 않게 이해할 수 있습니다. 그렇지만 두 감각 기능이 의존 관계에 있다는 것이 본질적인 것이라고는 생각할 수 없습니다. 확실히 물체들에는 촉각을 이용하지 않으면 알 수 없을 특질들이 있으며, 촉각을 사용함으로써 우리 눈에는 보이지 않는 어떤 변화가 일어나고 있음을 알게 됩니다. 그럴 때 촉각이 알려주지 않으면 눈은 그 변화를 못 보는 것이죠. 그렇지만 이런 도움은 상호적으로 이루어집니다. 촉각보다 섬세한 시각을 가진 사람들의 경우, 너무 작아서 촉각으로 파악할 수 없는 대상이 있고 그 대상이 변화한다는 점을 시각이 촉각에게 알려줍니다. 부인께서는 전혀 눈치채지 못한 상태로 엄지와 검지 사이에 무슨 종이 한 장이나 평평하고 얇고 유연한 어떤 다른 물질을 끼워놓았다면 두 손가락이 직접 바로 접촉하고 있지 않다는 점을 부인께서는 오직 시각을 통해서만 알게 되실 겁니다. 지나가면서 하는 말이지만 눈으로 보는데 습관이 든 사람보다 맹인을 속이는 일이 정말 더 어려우리라는 점을 지적해야겠습니다.

생기가 넘치는 살아 있는 눈이라도 외부 대상이 자기 자신의 한 부분이 아니고, 자기와 대상이 때로는 이웃해 있고 때로는 멀리 떨어져 있고, 그 대상들은 형상을 갖추고 있고, 그들 중 어떤 것은 다른 것들보다 더 크고, 입체감을 가지고 있다는 등을 확신하기란 어려울 것입니다. 그러나 제가 주저 없이 확신하는바, 눈은 시간이 지나면 결국 대상들을 보게 됩니다. 최소한 개략적인 윤곽을 구분할 만큼은 충분히 뚜렷하게 대상을 보게 됩니다. 이 점을 부정하는 것은 감각기관들의 용도를 잊는 일일 것이고, 시각 작용에 핵심적인 현상들을 잊는 일일 것입니다. 이는 또한 눈 가장 안쪽에 아주 작게 그려지는 이미지들의 아름다움과 정확성을 충분히 재현할 수 있는 화가란 없으며, 재현의 대상이었던 것과 재현된 대상이 닮은 것 이상으로 정확하게 닮은 것은 없으며, 이 그림이 그려진 화폭은 형상들이 모호하게 보일 정도로 아주 작지 않으며, 그 형상들의 크기는 가로세로 약 반⁺푸스가 되며, 촉각의 도움이 없이 시각기관을 결코 쓸 수 없었다면 어떤 방식으로 눈이 촉각의 작용으로 지각하는 법을 배우게 되는지 설명하는 것 이상으로 어려운 일은 없다는 점을 은폐하는 일일 것입니다.

하지만 저는 단순한 추정으로 그치지 않겠습니다. 저는 눈은 촉각을 통해 색을 구분하는 법을 배우는 것인지 묻고자 합니다. 촉각에 그렇게까지 비상한 특권을 부여들 하고 있다고 저는 생각하지 않습니다. 이렇게 전제한 뒤 방금 시력을 회복한 맹인에게 너른 흰 바탕에 놓인 붉은 구와 검은 입방체를 보이면 그 맹인은 바로 이 도형들의 윤곽을 구분하리라는 결과가 도출됩니다.

저는 이런 답변을 받을 수도 있을 것입니다. 맹인은 눈의 체액이 적절히 배치되고, 각막이 시각 작용에 적응하는 데 필요한 볼록한 모양을 갖게 되고, 눈동자가 알맞게 확대, 수축되고, 망막 섬유가 빛의 작용에 지나치게 민감하지도 지나치게 무감각하지도 않게 되고, 수정체의 작용이라고들 보는 전후 운동에 훈련되고, 근육이 제 기능을 올바로 수행할 수 있게 되고, 신경이 감각 작용을 전달하는 데 익숙해지고, 안구 전체가 필요한 모든 배치를 갖추게 되고, 안구를 이루는 모든 구성 부분이 그 작은 이미지를 만들기 위해 참여하는 데 필요한 만큼 시간이 걸릴 것이라고 말입니다. 이렇게 작은 이미지를 만든다는 점은 눈이 스스로 경험을 쌓는다는 것을 증명할 때 대단히 유용합니다.

저는 방금 선천적 맹인의 눈에 제시된 그림이 아무리 단순하더라도 눈이 앞에 언급한 모든 조건을 결합하지 않고서는 그 그림의 각각의 부분들을 구분할 수 없으리라는 점을 인정합니다. 그런데 이는 아마 한순간에 이루어지는 일일 것입니다. 앞서 제 의견을 반박하면서 제시된 추론을 다소 복잡한 기계, 예를 들어 시계 같은 것에 적용해 본다면, 그 맹인은 실린더,[103] 원뿔 도르래, 태엽, 팔레트, 시계추 등에서 일어나는 모든 운동을 상세히 들면서 시곗바늘이 눈금 1초를 지나는

* *

103. 여기서는 tambour를 실린더로 번역했다. "손목시계나 괘종시계에서 조립을 하는 데 필요한 줄이나 체인이 감겨지게 되는 실린더"(『아카데미 사전』, 1762).

데 보름은 좋이 걸리리라는 점을 어렵지 않게 증명할 수 있을 것입니다. 이 운동들이 동시적인 것이 아니냐는 답변을 받는다면 저는 처음으로 눈이 열려 앞을 보게 되었을 때 눈에서 일어나는 운동 및 그에 따라 이루어지는 대부분의 판단들도 아마 이와 마찬가지이리라고 답할 것입니다. 눈이 시각 작용에 적합하게 될 때 필요한 조건들이 무엇일지라도 눈이 그 조건들을 맞추는 것은 촉각에 의해서가 아니고, 눈이 스스로 그 조건들을 획득하고, 그 결과 다른 감각의 도움 없이도 눈 안에 그려질 형상들을 구분할 수 있으리라는 점에 동의해야 합니다.

그런데 다시 한번 제게 눈이 언제가 되어야 그 정도 상태에 이르는 것이오, 하고 묻는다면, 아마 다들 생각하는 것보다 훨씬 더 신속하게 그리될 것이라고 하겠습니다. 부인, 우리가 함께 왕립식물원 전시실을 방문했던 날 해보았던 오목거울 실험을 기억하시는지요. 부인께서 손에 들고 계셨던 칼끝이 거울 표면을 향해 다가서는 것과 같은 속도로 부인을 향해 다가오는 것을 보고 공포를 느끼셨지요. 그렇지만 부인께서는 습관적으로 거울에 그려지는 모든 대상을 거울 밖에 있는 것과 연관 지어 생각하십니다. 그러므로 대상들이나 그 대상들의 이미지를 그 이미지들이 존재하는 곳에 있다고 지각하는 데 경험은 반드시 필요한 것이 아니고 그 경험이 항상 확실한 것도 아닙니다. 저는 부인께서 기르고 계시는 앵무새로도 증거를 찾을 수 있습니다. 앵무새가 처음으로 거울을 통해 자기 모습을 보자 부리를 그리로 갖다 대더군요. 자기와 같은 새로 생각한 자신을 만나지 못하자 앵무새는 거울을 한 바퀴 돌았습니다. 제가 그 앵무새가 보여준 증거를 필요 이상으로 강조하려는 것은 아니지만 이는 동물의 경험으로 여기에는 편견이 들어설 수 없습니다.

그렇지만 어떤 선천적 맹인은 두 달 동안 아무것도 구분할 수 없었지 않았냐고 제게 단언한대도 저는 전혀 놀라지 않을 것입니다. 이로부터 제가 내리고자 하는 결론은 그저 감각기관에는 경험이 필요하다는 것이지 그 경험을 쌓는 데 촉각은 전혀 필요하지 않다는 것입니다. 이를 통해 제가 더 잘 이해할 수 있는 것은 선천적 맹인을 관찰 대상으로 삼을 때 수술을 마친 뒤 그를 어둠 속에 얼마간 머무르게 해서 눈을 자유롭게 훈련할 수 있도록 하는 것이 얼마나 중요한가 하는 것입니다. 이런 훈련은 훤한 빛에서보다 어둠 속에서 더 수월하게 이루어집니다. 그리고 그에게 일종의 황혼을 보는 것 같은 경험을 할 수 있도록 해 주거나, 적어도 신경을 써서 원하는 대로 빛을 증가시키거나 감소시킬 수 있는 이점을 가진 실험 장소를 찾는 일도 중요합니다. 이런 종류의 실험이 언제나 대단히 어렵고 불확실한 것이며, 겉으로 보기에는 가장 먼 길로 보여도 사실은 가장 가까운 길인 것은, 그 맹인이 거쳐 지나온 두 조건을 비교해서, 우리에게 맹인의 상태와 눈이 보이는 사람의 상태 차이를 알려줄 수 있는 철학적 지식들의 주제에 대비하도록 하는 것임을 제가 점점 더 인정하게 되리라고 생각할 것입니다. 저 자신에 대해 성찰하는 일에도, 저 자신을 돌아보는 일에도 습관이 전혀 들지 않았고, 체셀든의 맹인처럼 시각이 없어도 아무렇지도 않게 생각하고, 시각이 없다고 쾌락을 얻는 데 큰 해가 된다고는 상상하지도 못할 정도로 시각의 장점에 무지한 사람에게 정확한 내용을 기대할 수는 없습니다. 누구에게든 철학자의 칭호를 받아 마땅할 손더슨은 확실히 체셀든의 맹인같이 무관심했던 사람이 아닙니다. 나는 손더슨이 저 탁월한 『체계론』의 저자 콩디야크와 같은 의견이었을지 정말 의심스럽습니다. 저는 콩디야크 씨가 "사람의 인생이 그저 즐거움이나 고통이 중단 없이 계속되는 감각 작용에 불과했다면, 한편으로는 불행이란 관념을 전혀 갖지 않을 것이므로 행복하고, 행복이란 관념을 전혀 갖지 않을 것이므로 불행한 그 사람은 즐거움을 누렸든지 아니면 고통스러워했을 것이고, 그의 본성이 그러하기라도 했듯이 자기 주위를 둘러보고 자기 생명의 보존에 신경을 쓰거나 그의 생명을 해치려고 노력하는 존재가 있는지 절대 찾아보지 않았을 것이다. 이 두 상태가 서로 교대될 때 성찰하게 된다, 운운"[104]하는 주장을 했을 때 저는 그가 스스로 협소한 체계에 빠져버린 것은 아닌지 의심스러운 것입니다.

부인께서는 명확한 지각에서 명확한 지각으로 내려가면서 (이것이 이 저자가 철학하는 방식이며, 게다가 올바른 방식입니다) 그런 결론에 이르렀으리라고 생각하십니까? 행복과 불행, 어둠과 빛은 그렇지 않습니다. 한쪽은 다른 쪽의 단순하고 순전한 결여가 아닌 것입니다. 우리가 전혀 변함없이 행복을 누릴 수 있었더라면 행복은 존재와 사유만큼이나 우리에게 본질적인 것이었으리라 확신할 수 있었을지 모릅니다. 그러나 저는 불행에 대해서는 그렇게 말할 수 없습니다. 흔히들 그렇게 하듯이 불행을 어떤 강요된 상태로 보고, 자기 스스로는 죄가 없지만 스스로 죄를 지었다고 생각하고 본성을 비난하거나 용서하는 일이 대단히 자연스러운 일일 것입니다.

콩디야크 신부는 아기가 고통스러울 때 보채는 것은 이 세상에 태어난 이후 끊이지 않는 고통을 겪지 않았기 때문이라고 생각하는 것일까요? 콩디야크 신부가 제게 "계속 고통을 느꼈을 사람에게 존재와 고통은 같은 말일 것이며, 그는 고통을 중단시킬 유일한 방법은 자기 존재를 없애는 일이라

••

104. 콩디야크, 『체계론』, 5장, La Haye, Neaulme, 1748, pp. 56~67.

고 생각하지 않을 것'이라고 답한다면 저는 단 한 번도 불행이 끊긴 적이 없는 사람은 내가 무엇 때문에 고통을 받는가, 하고 말하지는 않을 테지만, 내가 무엇 때문에 존재하는가, 라는 말은 하지 못했을 것이라고 응수하겠습니다. 그렇지만 제가 모르겠다는 것은 우리가 '나는 살고 있다'와 '나는 숨 쉰다'라는 두 가지 표현을 갖는 것처럼, 그는 '나는 존재한다' 와 '나는 고통스럽다'라는 두 개의 동사를 동의어로 보면서도 왜 한쪽은 산문에서 다른 쪽은 운문에서 쓰지 않는가, 하는 것입니다. 더욱이 부인께서는 콩디야크 신부가 이 부분을 대단히 훌륭히 표현했다는 점을 저보다 더 주목하실 것입니다. 제 걱정이란 부인께서 제 비판과 콩디야크 신부의 성찰을 비교하면서 샤롱의 진실보다 몽테뉴의 오류가 더 좋다고 하시면 어쩌나 하는 것입니다.

부인께서는 제게 또 옆길로 새셨군요! 라고 말씀하시겠지 요. 그렇습니다, 부인. 우리 논의의 운명이 그렇습니다. 이제 앞의 두 문제에 대한 제 의견을 말씀드리겠습니다. 제 생각으 로는 처음으로 선천적 맹인이 눈을 떠 빛을 마주하게 될 때 그는 아무것도 알아차릴 수 없을 거고, 눈이 경험을 갖추려 면 어느 정도 시간이 필요할 것입니다. 하지만 그 맹인은 촉각의 도움이 없이도 저 <u>스스로</u> 경험을 갖출 것이며, 색을 구별하게 될 뿐 아니라, 적어도 물체들의 개략적인 윤곽은 구분하게 되리라고 저는 생각합니다. 맹인이 아주 짧은 시간 안에 이런 능력을 얻을 수 있다거나, 수술 직후 경험을 얻기 전에 얼마간 주의를 기울여 이런 훈련을 권유하고, 그를 어둠 속에 가두고 눈을 움직여 보게 하는 것으로 그런 능력을 갖추게 했다고 가정해 봅시다. 그런 다음에 그가 촉각으로 만졌던 물체들을 시각을 통해 알아보게 될지, 그리고 그 물체들에 적합한 이름을 붙일 수 있을지 살펴봅시다. 이것이 제가 해결해야 하는 마지막 문제입니다.

부인께서는 방법론을 좋아하시니 부인께서 좋아하실 만한 방식으로 제 대답을 끝내자면, 저는 실험에 참여할 수 있는 사람들을 여러 부류로 구분하겠습니다. 교육을 받지 못하고 지식이 없고 준비도 되어 있지 않은 교양 없는 사람들이라면 백내장 수술로 시각기관의 결함이 완전히 제거되어 눈이 멀쩡해질 때, 그들의 눈에 물체들이 뚜렷이 그려지기는 할 것입니다. 그러나 이들은 어떤 유의 추론도 익숙하지 않으므로 감각 작용이 무엇인지, 관념이 무엇인지 알지 못하는 데다, 촉각을 통해 머릿속에 가진 내용과 눈을 통해 갖게 된 재현을 비교할 능력이 없으므로 자기 판단에 깊은 확신도 없이 이것은 둥근 것입니다, 이것은 각이 졌습니다, 라고 말하든지, 아니면 솔직하게 눈앞에 제시된 대상 중에 내가 만져보았던 것과 닮은 것을 전혀 알아보지 못하겠습니다,

라고 말할 것입니다.

　다른 이들이라면 물체들에서 알아차린 형상들과 그들 손에 자극을 일으킨 형상들을 비교해 보고, 사유를 통해, 자기와 거리를 둔 이들 물체에 촉각을 대입하여 둘 중 하나는 사각형이고, 다른 하나는 원이라고 말하겠지만, 정작 왜 그런지는 잘 모를 것입니다. 촉각으로 얻은 관념들과 시각으로 얻은 관념들을 비교하는 것으로는 그들이 내린 판단의 진실 여부가 그들 마음속에 분명히 밝혀지기 어렵습니다.

　부인, 여담은 그만두고, 실험을 해볼 수 있는 형이상학자에게로 넘어가겠습니다. 저는 형이상학자는 대상들을 뚜렷이 보게 되는 순간부터 마치 그가 평생 그 대상들을 보아왔기라도 하듯 추론할 것이고, 눈으로 얻게 된 관념들과 촉각으로 얻었던 관념들을 비교한 뒤, 부인과 저만큼 확신을 갖고 이렇게 말할 것이 분명하다고 생각합니다. "나는 이것은 내가 항상 원이라고 불렀던 물체이고, 저것은 내가 항상 사각형이라고 불렀던 물체라고 정말 믿고 싶지만 그렇다는 말을 입 밖에 내지는 않으려고 한다. 내가 그 물체들에 다가가도 그것들이 손 아래로 사라져 버리지 않으리라는 점을 누가 내게 알려주었는가? 내게 보이는 것이 손으로 만질 수 있는 것인지 나는 모른다. 하지만 내가 이렇게 불확실한 상태에 머물지 않고 내가 보는 것이 실제로 내가 이전에 만졌던 것이라는 내 주변 사람들의 말을 믿을지라도, 내가 상당한 진척을 본 것은 아닐 것이다. 저 대상들은 내 손이 닿을 때 정말 모습이 바뀔 수 있고, 촉각을 사용한다면 내가 시각으로 경험한 감각 작용과 완전히 모순되는 감각 작용을 내게 전할 가능성도 있다." 그리고 그는 이렇게 덧붙일 것입니다. "신사분들, 이 물체는 사각형으로 보이고, 저 물체는 원으로 보입니다. 그렇지만 저는 두 물체가 시각으로나 촉각으로나 마찬가지로 그러하리라고는 전혀 알지 못하겠습니다."

형이상학자 대신 기하학자를, 로크 대신 손더슨을 넣어 본다면 그는 기하학자 손더슨처럼 자기 눈을 믿을 경우 자신이 보는 두 도형 중에 이것이 그가 사각형이라고 불렀던 것이고 저것이 그가 원이라고 불렀던 것이라고 말할 것입니다. 그러고는 이렇게 덧붙일 것입니다. "내가 실絲을 배치해서 사각형의 각을 나타내는 점들을 나타내는 굵은 머리 핀을 놓을 수 있을 것은 첫 번째 도형뿐이고, 내가 원의 속성을 확실히 알 수 있도록 하는 데 반드시 필요한 실을 내접, 혹은 외접시킬 수 있을 것은 두 번째 도형뿐이라는 것을 깨달았습니다. 그러므로 이것은 원이고, 저것은 사각형입니다!" 그렇기는 해도 로크를 따라 이렇게 계속할 수도 있을 것 같습니다. "내가 이들 도형에 손을 가져다 댈 때 그 도형들이 하나에서 다른 하나로 변형될 수도 있지 않을까, 그래서 동일한 도형이 맹인들에게는 원의 속성을 보여주고, 눈이 보이는 사람들에게는 사각형의 속성을 보여주도록 할 수 있지 않을까, 제가 사각형을 보면서 동시에 원을 느낄 수도 있지 않을까'라고 말입니다. 그리고 그는 "그렇지 않습니다. 제가 잘못 생각했습니다'라고 계속할 수도 있겠지요. "제가 원과 사각형의 속성을 증명해 보일 사람들은 제 작업대에 손을 올리지도 않았고, 제가 당겨놓아 도형의 윤곽을 만든 실을 만지지도 않았음에도 내 말을 이해했습니다. 그러므로 그들은 내가 원을 느낄 때 사각형을 본 것이 아닙니다. 그렇지 않고서야 우리가 서로 말이 통했을 리가 없지요. 나는 그들에게 도형 하나를 그리고는 다른 도형의 속성을 증명하고, 원의 호弧를 직선으로, 직선을 원의 호로 제시할 수 있지 않았을까요. 그러나 그들 모두가 내 말을 이해했다는 건 모든 사람이 서로 똑같은 것을 보았다는 것 아니겠습니까? 그러므로 저는 그들이 사각형으로 본 것을 사각형으로 보고 원으로 본 것을 원으로 보는 것입니다. 그래서 이것이 제가 항상 사각형이라고 부른 것이고, 저것이 제가 항상 원이라고 부른 것입니다."

저는 위에서 구를 원으로, 입방체를 사각형으로 대체했습니다. 그렇게 한 이유는 우리가 경험을 통해서만 거리를 판단할 수 있고, 그 결과 처음으로 눈이 보이는 사람은 평면만을 볼 뿐, 입체감이란 무엇인지 정말 모를 것 같아서이기 때문입니다. 눈으로 어떤 물체의 입체감을 본다는 것은 그 물체들의 몇 개의 점들이 다른 점들보다 우리에게 더욱 가깝게 보인다는 것입니다.

하지만 선천적 맹인이 처음으로 보기 시작하자마자 물체들의 입체감과 단단함을 판단하고, 원과 사각형뿐 아니라 구체와 입방체를 구분할 수 있다고 해도 저는 그가 더욱 복잡한 다른 대상도 이와 같이 구분할 수는 없다고 생각합니다. 레오뮈르 씨의 선천적 맹인 처녀는 색을 구별할 수 있었던 것 같습니다. 그렇지만 구체와 입방체에 대해서는 우연히 대답했음이 틀림없습니다. 뜻밖의 발견이 없는 한 그녀가 장갑이며 드레스며 신발을 구별하기란 불가능했으리라고 저는 확신하는 것입니다. 이 대상들은 수도 없이 변형되어 있습니다. 그 대상들의 전체적인 형태와, 그것들이 장식하거나 가리도록 한 몸의 부분들의 형태 사이에는 거의 관계가 없다시피 하므로, 손더슨이 각모角帽의 쓰임새가 무엇인지 확정하는 것이 달랑베르 씨나 클레로 씨가 손더슨의 작업대의 용도를 찾아내는 것보다 백배는 더 난처한 문제였을 것입니다.

손더슨은 사물들과 그것들의 쓰임새 사이에는 기하학적 관계가 지배적이라고 틀림없이 가정했을 것이고, 그 결과 그의 약모^{略帽}는 머리에 쓰는 용도라는 점을 두세 가지 유사성을 들어 깨달았을 것입니다. 그 둘 사이에는 그를 오류에 빠뜨리게 만들 수 있을 자의적인 형태가 전혀 없으니까요. 그런데 그의 각모의 각과 술 장식에 대해서는 뭐라고 생각했을까요? 그런 술 장식은 어디에 소용되는 것인지, 왜 각이 여섯 개가 아니라 네 개인지 궁금하지 않았을까요? 각과 술 장식의 이러한 두 가지 변형은 우리라면 장식과 관계된 것으로 보겠지만 손더슨에게는 수많은 터무니없는 추론을 끌어내는 근원이거나, 더 정확히 말하자면 우리가 감식안이라고 부르는 것에 대해 탁월한 풍자를 내놓는 계기가 되었을지도 모르겠습니다.

이 점들을 신중하게 검토해 본다면 어떤 대상을 항상 눈으로 보았지만 그 쓰임새는 몰랐던 사람과, 한 대상의 쓰임새를 알지만 그것을 한 번도 본 적이 없는 사람 사이에 차이가 있다면 후자가 이 점에서 유리한 것은 아님을 인정해야 합니다. 부인, 그렇지만 부인께서 오늘 처음으로 장식 리본을 보셨다면 그것이 장신구며, 더욱이 머리에 매는 장신구인지 알아보시리라 생각하시나요? 그런데 처음으로 앞을 보게 된 선천적 맹인은 대상들이 더 많은 수의 형태를 갖게 되면 그만큼 이들을 올바로 판단하기 어렵습니다. 그 때문에 그는 자기 앞에 놓인 안락의자에 옷을 갖춰 입고 움직이지 않고 가만히 있는 관찰자를 가구나 기계로 간주하고, 바람이 불어 잎과 가지가 흔들리는 나무를 움직이고 살아 있고 사유하는 존재로 간주하게 될 수도 있습니다. 부인, 우리의 감각은 우리에게 얼마나 많은 사물을 연상시키는 것인지요. 우리가 눈이 없다면 대리석 더미가 생각하지도 느끼지도 않는다고 가정하기 어려웠을지도 모릅니다!

그러므로 손더슨이 원과 사각형에 대해 잘못된 판단을 내리지 않았음을 확신하고, 다른 사람들의 추론과 경험으로 촉각과의 관계에 따라 시각을 밝혀주고, 눈으로 보면 이런 것이 촉각으로 느끼면 이렇더라는 점을 가르쳐줄 수 있는 경우들이 있는지 증명하는 일이 남았습니다.

그러나 흔히들 영원한 진리라고 부르는 어떤 명제를 증명하고자 할 때는 그것에 대한 감각의 증언을 제외하고 증명을 깨닫는 것이 본질적일 겁니다. 부인, 어떤 이가 두 개의 오솔길이 그렇게 보이듯 평행한 두 직선이 그림에 투사된다면 그것은 수렴하는 두 선이 이루는 것이라는 점을 부인께 증명해보겠다고 주장했다면 그는 그 명제가 자신에게서처럼 맹인에게도 참임을 잊은 것이라는 점을 부인께서는 잘 알고 계십니다.

하지만 선천적 맹인에 대한 앞선 가정에는 두 개의 다른 가정이 전제되어 있습니다. 하나는 태어날 때부터 볼 수 있었지만 촉각의 감각을 가진 적이 없었을 사람에 대한 것이며, 다른 하나는 시각과 촉각의 두 감각이 영원히 모순되는 사람에 대한 것입니다. 전자에게 결여된 감각을 회복시켜주지만 그 대신 눈가리개로 시각의 감각을 빼앗고서는 촉각으로 물체를 인지하는지 물을 수 있습니다. 그가 기하학을 배웠다면 이들 두 감각의 판단이 모순되는지 혹은 그렇지 않은지를 확인할 수 있는 확실한 방법을 갖게 될 것입니다. 손으로 입방체나 구체를 잡아 보고, 어떤 이에게 그 도형의 속성을 제시하고, 사람들이 그의 말을 납득하면 그때 그가 입방체로 만져지는 것을 사람들은 입방체라고 하고, 그 결과 그가 잡은 것은 입방체라고 말하기만 하면 됩니다. 기하학을 모르는 사람이라면 그에게 촉각으로 구체와 입방체를 구분하는 일은 이 두 도형을 시각으로 구분해야 했던 몰리뉴 씨의 맹인의 경우보다 더 쉽지 않으리라 생각합니다.[105]

• •

105. 이 부분은 라이프니츠의 『신인간지성론』의 내용과 가깝다. 테오필루스는 로크와 몰리뉴의 질문의 오류를 지적하면서 "문제는 오로지 두 물체를 식별하는 것이고, 맹인이 식별해야 하는 두 형태의 물체가 자기 앞에 있다는 것을 알고, 그래서 그가 보고 있는 각 물체의 외형이 하나는 정육면체이고 다른 하나는 공인 것을 알기 때문입니다. 이런 경우에, 제게는 방금 눈을 뜬 맹인이 감각적 인식 이전에 촉감이 그에게 제공했던 것과 연결해서 이성의 원리에 따라서 그것들을 식별할 수 있다는 것에 의심의 여지가 없어 보입니다. [⋯] 제 견해의 토대는, 공에는 공 자체의 표면에 구별점이 없고 모든 것이 각 없이 균일한 반면, 정육면체에는 다른 모든 것들과

시각과 촉각의 감각 작용들이 영원히 모순되는 사람의 경우라면, 그가 형상, 질서, 대칭, 미, 추 등을 어떻게 생각할지 저는 모르겠습니다. 십중팔구 그 사람이 이들 문제에 갖는 관계는 우리가 존재들의 연장 및 실제 지속과 맺는 관계와 같을 것입니다. 그는 일반적으로 한 물체는 하나의 형상을 갖는다고 말할 테지만, 그 물체는 자기가 보는 형상도, 자기가 느끼는 형상도 아니라고 버릇처럼 믿어버릴 것입니다. 그런 사람은 자신의 감각에 만족하지 못할 사람이지만 그가 가진 감각은 대상들에 만족하지도 만족하지 않지도 않을 겁니다. 그가 감각 하나가 오류를 범했다고 비난하려고 한다면 저는 그가 비난하는 감각은 촉각이 될 것이라고 생각합니다. 수백 가지 상황에 따라 그는 물체들의 형상은 눈이 물체들에 작용을 가해서라기보다는 손이 물체들에 작용을 가해서 변한다

• •

구별되는 여덟 개의 점이 있다는 것입니다. 도형들을 식별하는 이 방법이 없었다면, 맹인은 접촉을 통해서 기하학의 기초를 배울 수 없었을 것입니다. 그렇지만 우리는 태생적 맹인도 기하학을 배울 수 있다는 것, 그리고 항상 자연적 기하학의 특정한 기초를 가지고 있다는 것, 그리고 대부분의 사람들은 촉감을 사용하지 않고 오로지 시각만으로, 마비 환자나 촉감을 거의 사용하지 못하는 다른 사람들도 배울 수 있고, 또 배워야 하는 것처럼 기하학을 배운다는 것을 알고 있습니다. 그리고 맹인의 기하학과 마비 환자의 기하학이 공통적 상을 가지지 못하더라도, 이 두 개의 기하학은 서로 만나야 하고 일치해야 하고 또 동일한 관념에서 기인해야 합니다"(라이프니츠, 『신인간지성론 1』, 이상명 역, 아카넷, 2020, 161쪽).

는 쪽으로 생각하게 될 것 같습니다. 그런데 이 편견의 결과 물체들에서 발견하게 될 단단함과 무름의 차이 때문에 그는 상당히 난처해질 것입니다.

하지만 우리 감각이 형상에 대해서는 모순에 놓이지 않는 다는 사실로부터 우리는 형상에 대해 더 잘 안다는 결론을 내릴 수 있을까요? 무슨 근거로 우리가 부정확한 증언과는 무관하다고 할 수 있을까요? 그래도 우리는 판단을 합니다. 부인, 슬프게도 우리가 몽테뉴의 저울에 인간의 지식을 올려 놓게 되면 그의 좌우명을 취하지 않을 수 없습니다.[106] 우리는 무엇을 알고 있습니까? 물질이 무엇인지 알고 있습니까? 전혀 그렇지 않습니다. 정신과 사유가 무엇인지 알고 있습니까? 훨씬 더 그렇지 않습니다. 운동, 공간, 지속이 무엇인지 알고 있습니까? 전혀 모릅니다. 기하학의 진리들을 알고 있습니까? 수학자들에게 신사적으로 질문을 해보십시오. 그들은 부인께 그들의 명제들은 모두 동일하며, 예를 들어 원圓을 주제로 쓴 수많은 저작은 원이란 원의 중심에서 원주圓周에 이르는 모든 선이 동일한 도형임을 서로 다른 백만 가지 방식으로 되풀이하는 것에 그치고 있을 뿐임을 인정할

• •

106. "이 사상은 "내가 뭘 아는가?"라는 질문으로 더 잘 표현할 수 있다. 나는 이 질문을 저울 그림과 함께 새겨 지니고 다닌다"(몽테뉴, 『에세 2』, ch. XII, 심민화 역, 민음사, 2022, 327쪽).

것입니다. 그러니까 우리는 거의 아무것도 모르고 있는 것입니다. 그런데도 무언가를 알고 있다고 주장하는 저자들의 저작은 도대체 얼마나 많습니까! 저는 사람들이 지루해하지 않고 책을 읽고서는 어떻게 아무것도 이해하지 못하는 것인지 모르겠습니다. 저는 지루하지 않게 별말씀도 드리지 못하면서 영광스럽게도 부인과 함께 나눈 두 시간 담소는 그런 이유가 아니기를 바랍니다. 깊은 경의를 담아,

　부인,

　　　　　　　　　순종과 감사의 뜻을 담아,

　　　　　　　　　　　　*** 배상拜上

『맹인에 대한 편지』의 추가

  내가 알지 못했기에 『맹인에 대한 편지』의 몇몇 대목에 증거나 반박으로 제공될 현상들을 종이에 두서없이 적어보고자 한다. 내가 이 책을 쓴 지 33, 4년이 지났다. 나는 공정하게 이 책을 다시 읽어보았는데 큰 불만은 없었다. 첫 번째 부분이 두 번째 부분보다 더 흥미로워 보였고, 첫 번째 부분을 좀 더 늘리고 두 번째 부분은 상당히 줄일 수 있었으리라 생각했지만 나는 두 부분 다 예전에 썼던 그대로 두고자 한다. 젊은이가 썼던 글을 노인이 손질해서[107] 망치면 어쩌나 해서였다. 그럭저럭 받아들일 만한 생각과 표현을 이제 와서 궁리해 보는 일은 불필요할 것이며, 아울러 나무랄 만한

[107] "독자여, 시험 삼아 쓰는 나의 이 글을 […] 계속되게 놔두라. 나는 덧붙이되 수정하지 않는다"(몽테뉴, 『에세 3』, 9장, 최권행 역, 앞의 책, 327쪽).

것을 고칠 수 없으면 어쩌나 두렵다. 우리 시대의 한 유명한 화가[108]는 생의 말년을 원기 넘쳤던 시절에 그렸던 걸작을 망쳐버리는 데 쓰고 있다. 나는 그가 자기 그림에서 지적한 결함들이 실제로 있는지는 모르겠다. 하지만 그가 자연의 모방을 예술이 이를 수 있는 한계까지 끌어 올렸다면 그 결함들을 바로잡을 재능을 갖지 못했거나, 그런 재능이 있었어도 지금은 잃어버린 것이니, 인간이 가진 모든 것은 인간과 함께 사라지기 마련이다. 감식안이 충고할 때가 와서 그 충고가 정확했음을 깨닫게 된들, 그런 충고를 따를 힘은 이제 더 이상 남지 않았다. 나약해졌음을 의식하게 되면 소심해지게 된다. 소심하고 나약해졌을 때 생기는 결과들 중 하나가 나태함이다. 그것이 내 책을 개선하는 것 이상으로 해가 되는 작업을 내가 싫어하는 이유이다.

분별력을 갖고 때가 되면 네 늙은 말의 굴레를 끌러라.
결국 비틀거리고 헐떡여 웃음거리가 되지 않으려거든.[109]
Solve senescentem mature sanus equum, ne

• •

108. 18세기 가장 유명한 화가 중 한 명인 모리스 캉탱 드 라 투르(Maurice Quentin de La Tour, 1704~1788)는 완벽주의자로 유명해서 모델에게 수도 없이 많은 포즈를 취하게 했다고 한다. 그는 자신의 몇몇 작품에 다시 손을 대는 바람에 작품을 오히려 망쳤다.
109. 호라티우스, 『서한시』, I, 1, v. 8~9.

Peccet ad extremum ridendus, et ilia ducat.

현상들

1. 자기 예술의 철저한 이론을 갖고 있으며 실천할 때 다른 무엇에도 양보하지 않는 한 화가가 내게 단언하기를 자기는 시각이 아니라 촉각을 통해 잣이 둥글다고 판단했으며, 엄지와 검지 사이에 천천히 굴려보고 연속적으로 일어나는 자극을 통해 눈으로는 포착되지 않는 미세한 차이들을 구분했다고 했다.

2. 나는 촉각으로 천布의 색깔을 알았던 맹인 이야기를 들었다.

3. 나는 꽃다발의 섬세한 차이를 구분했던 맹인 이야기를 언급할 수 있다. 그 정도로 섬세하다고 자부했던 장 자크 루소는 진지하게든 농담으로든 파리의 꽃 파는 여인들에게 강의할 학교를 열 계획이 있다고 했다.

4. 아미앵이라는 도시에는 눈이 보이기라도 한 것처럼 지혜롭게 작업실을 운영했던 맹인 석공장石工匠이 있었다.

5. 앞을 볼 수 있던 사람이 눈을 사용하다 보니 손의 정확한 감각을 잃었다. 그래서 머리를 깎으려고 거울을 떼어서 맨

벽 앞에 설치했다.

위험을 알아차리지 못하는 맹인은 그만큼 더 과감해진다. 나는 그 맹인은 깎아지른 절벽에 놓인 다리를 이루는 좁고 휘는 판자 위를 망설이지 않고 걸어가리라고 확신한다.

엄청난 깊이를 보고 시선이 흐려지지 않는 사람은 없다.[110]

6. 저 유명한 다비엘[111]을 모르거나 그의 이야기를 듣지 못한 사람은 없다. 나는 여러 번 그가 수술하는 자리에 가보았다. 그는 가맛爐불 때문에 백내장을 얻은 대장장이에게 수술을 해주었다. 그 대장장이는 이십오 년 동안 앞을 보지 못했는데 그러면서 촉각을 믿는 습관이 깊이 들었으니, 다시 찾은 감각을 사용하게 하려면 그에게 가혹해질 필요가 있었다. 다비엘은 그를 때리며 이렇게 말했다. "보기 싫으냐, 이 망나니 같은 놈아!" 대장장이는 걷고 움직였는데 우리가 눈을 뜨고 하는 모든 일을 그는 눈을 감은 채 수행했다.

이로부터 내릴 수 있는 결론은 흔히 생각하는 것만큼 눈이

● ●

110. "나는 우리 주변 산들에서(나는 그런 일들에는 그다지 겁을 내지 않는 축에 드는 사람인데도 불구하고) 그런 일을 자주 체험했다. 오금이 저리고 넓적다리가 떨리는 전율 없이는 그 무한한 깊이를 볼 수 없었다. 절벽 끝까지는 내 키만큼의 거리가 있고, 일부러 위험을 향해 몸을 던지지 않는 한 떨어질 수 없는데도 말이다"(몽테뉴, 『에세 2』, 12장, 앞의 책, 442쪽).
111. 자크 다비엘(1696~1762). 1745년에 수정체 추출에 성공한 안과 의사.

우리의 필요를 채우는 데 유용하지도 않고, 우리의 행복에 필수 불가결한 것도 아니라는 점이다. 자연의 정경이 다비엘의 환자였던 맹인에게 더 이상 매혹을 주지 않았다면 세상만사 중에 오랫동안 결여했지만 어떤 고통도 따르지 않으니 그것을 잃었어도 우리에게 아무렇지도 않은 것은 무엇인가? 사랑하는 여인의 시선인가? 내가 이제 말할 사실의 결과가 어떠할지라도 나는 전혀 그렇게 생각하지 않는다. 오랜 시간을 보지 않고 살았대도 보는 일에 진력을 내지는 않으리라고 생각들을 한다. 그것은 사실이 아니다. 일시적인 실명失明과 익숙해진 실명 사이에는 얼마나 큰 차이가 있는지!

7. 다비엘의 선행으로 인해 왕국의 지방 각지에서 가난한 환자들이 그의 수술실에 몰려들어 도와달라고 간청했다. 그의 높은 명성 때문에 호기심 많고 학식이 높은 많은 사람이 모여들기도 했다. 내 기억에 마르몽텔 씨와 내가 같은 날 함께 있었던 것 같다. 백내장 수술을 끝낸 환자가 앉아 있었다. 다비엘은 자신이 방금 빛을 다시 볼 수 있게 해 준 두 눈에 손을 얹었다. 다비엘 옆에 서 있던 나이 든 한 여자는 수술의 성공 여부에 깊은 관심을 보여주고 있었는데 의사가 움직일 때마다 팔다리를 덜덜 떨었다. 다비엘이 그녀에게 다가오라는 신호를 하고 환자 앞에 무릎을 꿇게 했다. 그가 손을 떼자 환자가 눈을 떴다. 그는 보더니 이렇게 소리쳤다. 아!

어머니!… 나는 그보다 더 감동적인 외침을 들어 본 적이 없다. 아직도 그 외침을 듣고 있는 것 같다. 나이 든 부인은 실신하고 말았고 모인 사람들의 눈에 눈물이 흘렀고, 지갑들을 열어 의연금을 쏟아냈다.

8. 거의 태어나자마자 시각을 잃었던 모든 이들 중에 지금까지 존재했고 앞으로 존재할 사례 중 가장 놀라운 경우가 멜라니 드 살리냐크 양嬢이다. 왕실 군대 사령관으로 부상을 안고 명예에 싸여 아흔하나의 나이로 최근 사망한 드 라 파르그가 그녀의 친척이다. 블라시 부인이 그녀의 어머니인데 부인은 아직 생존해 계시며, 자기 인생의 행복이자 지인들의 찬탄을 독차지했던 아이를 매일 그리워하고 있다. 블라시 부인은 대단한 미덕을 품성으로 갖추신 분이니 내 이야기가 진실한지 아닌지 궁금하다면 그녀에게 직접 물을 수 있다. 나는 1760년에 살리냐크 양과 그녀의 가족과 친밀한 교제를 시작했고, 이 교제는 살리냐크 양이 사망한 1765년까지 계속되었는데 그 기간 동안 내가 모르고 있던 그녀의 특징들을 부인의 구술을 받아 적으면서 모아보았다.

그녀는 이성이라는 대단한 자산, 매혹적인 다정함, 결코 흔치 않은 세심한 관념에다 순박함을 갖췄다. 숙모 한 분이 무식쟁이 열아홉 명과 점심을 같이 하게 되었다. 그녀는 회식자들의 마음에 들도록 살리냐크 양의 어머니를 불러

도와달라고 했는데 그러자 질녀가 되는 살리냐크 양이 이렇게 말했다. "저는 사랑하는 숙모님이 전혀 이해가 가지 않아요. 왜 무식쟁이 열아홉 명 마음에 들어야 하죠? 저는 제가 사랑하는 사람들의 마음에만 들고 싶어요."

앞이 보이는 사람이 외모에 대해 갖는 매력이나 불쾌감을 그녀는 목소리에서 찾는다. 친척 한 분은 징세관을 하던 분인데 가족을 함부로 대했다. 그녀는 그런 무례한 태도를 전혀 예상치 못했기에 놀라서 이렇게 말했다. "그토록 다정한 목소리로 말하시는데 그러실 줄을 도대체 누가 믿을 수 있겠어요?" 그녀는 노래를 들을 때 '갈색 머리'의 목소리와 '금발'의 목소리를 구분했다.

누가 그녀에게 말을 할 때면 그녀는 소리가 들리는 방향에 따라 신장을 판단했다. 그 사람이 키가 큰 사람이라면 소리는 위에서 아래로 들릴 것이고, 그 사람이 키가 작은 사람이라면 소리는 아래에서 위로 들릴 것이다.

그녀는 보지 못한다는 것에 크게 개의치 않았다. 어느 날 내가 그녀에게 이유를 묻자 그녀는 이렇게 대답했다. "그렇게 되면 저는 제 눈은 갖겠지만 모든 사람의 눈은 누리지 못하게 될 테니까요. 눈이 없으니 저는 계속 관심과 동정의 대상이 되는 거예요. 항상 사람들은 제게 친절하고 저는 늘 감사하고 있지요. 아아! 제가 눈이 보였다면 이내 사람들은 더 이상 제게 신경도 쓰지 않을 거예요."

시각은 오류를 범하기 쉬우므로 그녀가 보기에 시각의 가치는 훨씬 낮았다. 그녀는 이렇게 말했다. "저는 긴 오솔길로 들어가는 입구에 있어요. 그 반대쪽 끝에 무슨 대상이 있네요. 한 분은 그것이 움직인다고 보고, 다른 한 분은 정지해 있다고 보더라고요. 다가가 보니 나무 밑동이었어요. 다들 멀리서 보이는 탑이 둥근지 각이 진지 모르죠. 저는 먼지 소용돌이 속을 용감히 걷지만 제 주위 사람들은 눈을 감아 버리거나, 바로 눈을 감지 못했던 탓에 간혹 하루 종일 딱한 처지에 놓이게 되죠. 눈에 보이지도 않는 미미한 존재로도 끔찍한 고통을 겪게 되는 것이지요…." 밤이 다가오면 그녀는 우리의 시대는 곧 끝나고 그녀의 시대가 열릴 것이라고 말하곤 했다. 그녀는 영원히 밤이 계속되는 동안 행동하고 사유하는 습관을 붙이고 어둠 속에 살았으므로 우리에게는 대단히 성가신 불면증도 그녀에게는 대단한 것이 아니었다.

그녀는 맹인들은 고통의 징후를 느낄 수 없으므로 잔인한 사람들일 거라고 썼던 나를 용서하지 않았다. 그녀는 내게 이렇게 말했다. "당신이 듣는 탄식이 제가 듣는 탄식과 같다고 보세요?" "고통을 받으면서 탄식을 참아낼 수 있는 불행한 사람들도 있어요." 그리고 그녀가 이렇게 덧붙였다. "저는 그들의 고통을 금세 알아내고 그들을 더욱 동정하리라 생각해요.”

그녀는 독서를 너무도 좋아했고 음악도 광적으로 즐겼다. 그녀는 이렇게 말했다. “저는 노래를 듣거나 악기를 훌륭하게 연주하는 것을 들어도 절대 질리지 않으리라 믿어요. 그런 행복을 천국에서만 누릴 수 있다고 해도 저는 그곳에 가는 것이 싫지 않을 거예요. 선생님께서 시와 웅변을 제외하지 않고도 음악이 예술 중에서 가장 강렬한 것이라고 단언하셨고, 라신도 하프의 연주처럼 섬세하게 표현하지 못했고, 그의 멜로디가 그 악기의 섬세함과 비교해 본다면 둔중하고 심심하고, 선생님의 문체에 힘이 넘치면서도 가벼움이 느껴지는 바흐[112]의 음악을 더하고 싶다고 하셨을 때 올바로 생각하신 거였어요. 제게 음악은 제가 아는 가장 아름다운 언어입니다. 언어를 말할 때는 발음을 잘할수록 음절이 명확히 구분되지만, 음악 언어에서는 고음과 저음, 저음과 고음 사이의 거리가 가장 먼 음들이 풀려나가면서 지각하지 못하는 사이에 서로 이어집니다. 말하자면 그것은 매 순간 어조의 굴곡과 표현이 다양하게 변화하는 하나의 긴 음절이라고

· ·

112. 독일 바이마르와 라이프치히에서 거의 평생을 보낸 요한 세바스티안 바흐는 18세기 내내 프랑스에 거의 알려지지 않았다. 이 시기 프랑스에 알려진 바흐라면 아들 요한 크리스티안 바흐(Johann–Christian Bach, 1735~1782)로서, 이 대목의 주인공은 그인 것 같다.

하겠어요. 멜로디가 이 음절을 제 귀에 들려주는 동안 화성은 둘, 셋, 넷, 다섯 개의 다양한 악기에 실려 그 멜로디를 말끔히 연주하죠. 그러면서 한데 어울려 먼젓번 멜로디의 표현을 강화시켜 줍니다. 각 성부는 그만큼의 연주자와 같죠. 기악 연주자가 천재적인 이이고 곡에 성격을 부여할 줄 안다면 그 연주자들이 없어도 상관없어요. 음악은 특히 밤의 침묵 속에서 표현이 풍부해지고 감미로워집니다.

눈이 보이는 사람들은 눈 때문에 오히려 산만해져서 제가 음악에 귀 기울이고 듣는 것처럼 그렇게 귀 기울이지도 듣지도 못한다고 저는 확신합니다. 제가 받는 찬사가 왜 제게는 변변치 못하고 빈약해 보이는 걸까요? 왜 저는 느끼는 것처럼 말할 수 없었을까요? 말을 하다가 멈추고 제 감각을 그리는 단어들을 찾아보지만 왜 저는 결국 발견하지 못하고 마는 걸까요? 그런 단어들이 아직 창안되지 않은 걸까요? 저는 음악의 효과는 오직 이런 것과 비교할 수 있을 것 같아요. 오래 못 보고 지내다가 어머니에게 품에 달려들어 안길 때 느끼는 도취 같은 것 말이에요. 목소리도 나오지 않고 팔다리가 떨리고 눈물이 흐르고 무릎은 힘이 쭉 빠지게 되지요. 즐거움에 겨워 죽는 것만 같아요."

그녀의 정조에 대한 생각은 그보다 더 예민할 수 없었다. 내가 그 이유를 묻자 그녀는 이렇게 대답했다. "어머니 말씀을 듣다 보니 그렇게 되었어요. 어머니는 신체의 어떤 부분들을 보여주는 일은 악에 빠지는 길이라고 여러 번 반복해서 말씀하셨죠. 선생님께 용기를 내어 고백을 해본다면 저는 최근에서야 그것을 이해했어요. 아마 저는 더 이상 순결하지 않게 된 것임이 틀림없어요."

그녀는 생식기 내부에 생긴 종양으로 사망했지만, 그 사실을 밝힐 용기가 없었다.

그녀가 그만큼 더 공을 들여 의복, 속옷, 신체의 청결을 유지했던 것은 자기가 눈이 보이지 않으니 눈이 보이는 사람들이 자기가 불결하다고 생각하지 않도록 하는 데 필요했던 일을 다 했는지 충분히 확신할 수 없었기 때문이었다.

마실 것을 따라주면 액체가 떨어지면서 나는 소리로 잔이 충분히 채워졌는지 알았다. 그녀는 놀랄 만큼 조심스럽고 능숙하게 음식을 들었다.

그녀는 간혹 장난으로 거울 앞에 서서 몸치장을 해보기도 하고, 성장盛粧을 하고 교태를 부리는 여인의 모습을 고스란히 모방하곤 했다. 이런 귀여운 흉내가 그럴싸해서 사람들이 박장대소를 했다.

그녀가 아주 어렸을 때부터 모두 그녀가 가진 감각을 강화해 주려고 노력했다. 어느 정도까지 성공적이었는지 믿을 수 없을 정도였다. 그녀는 촉각을 통해 물체의 형태에서 그보다 좋은 눈을 가질 수 없는 사람들도 몰랐던 특이한 사실들을 알려주었다. 그녀는 섬세한 청각과 후각을 갖추었다. 그녀는 공기의 자극에 따라 대기 상태를 판단했다. 날씨가 흐린지 청명한지, 자기가 광장을 걷고 있는지, 어느 길을 걷고 있는지, 트인 길을 걷는지 막다른 골목을 걷는지, 개방된 곳을 걷는지 닫힌 곳을 걷는지, 넓은 집에서 걷는지 좁은 방에서 걷는지도 판단했다.

그녀는 발소리나 목소리가 울리는 것을 통해 한정된 공간의 크기를 측정했다. 그녀가 집을 돌아보고는 지형이 머리에 남았으니 다른 사람들이 처한 사소한 위험까지 미리 가르쳐줄 정도였다. 그녀는 "조심하세요. 여기 문이 굉장히 낮고, 저기는 계단이 있어요."라고 말했다.

그녀는 목소리를 듣고서는 우리로서는 알 수 없는 다양성을 지적했다. 간혹 어떤 이가 말하는 것을 들으면 그 기억이 계속 남았다.

그녀는 젊음의 매력에 무감하다시피 했고 노년에 생기는 주름에도 놀라지 않았다. 자기를 두렵게 하는 것은 정신과 마음의 특질일 뿐이라고 그녀는 말하곤 했다. 그것은 시각이 결여되었을 때 얻는 장점 중 하나로, 특히 여성이 갖는 장점이다. 그녀는 "멋진 남자라도 저를 사랑에 빠지게 만들 수는 없어요"라고 말했다.

그녀는 남을 쉽게 믿는 사람이었다. 그녀를 속이는 일은 너무 쉬운 일이겠지만, 정말 수치스러운 일이 아닐 수 없다! 그녀가 집에 혼자 있다고 믿게 하는 것은 간사한 일로 결코 용서받을 수 없는 것이었다.

그녀는 전혀 공황에 빠지지 않았다. 권태를 느끼는 일도 없다시피 했다. 그녀는 고독했기에 자족하는 법을 배웠다. 그녀는 합승 마차를 타고 여행하다가 석양이 질 때 사람들이 침묵하는 것을 관찰했다. 그녀는 "저는 같이 대화하고 싶은 사람들을 볼 필요가 없어요"라고 말했다.

그녀가 가장 높이 평가하는 자질은 바른 판단력, 다정함, 쾌활함이었다.

그녀는 말은 적게 하고 다른 사람들의 말을 많이 들었다. 그녀는 "저는 새를 닮았어요. 어둠 속에서 노래하는 법을 배우니까요."라고 말했다.

수시로 들었던 내용을 비교해 보면서 그녀는 우리들의 판단에 모순이 있다고 대들었다. 그래서 그녀는 이런 일관성 이라고는 없는 존재들에게 칭찬을 듣거나 비난을 받는 일에 무관심해 보였다.

글자를 오려낸 것으로 그녀는 읽는 법을 배웠다. 그녀는 목소리가 좋았고 멋지게 노래했다. 음악회나 오페라에 인생 을 바치고 싶어 했다. 시끄러운 음악만큼 싫은 것이 없었다.

춤도 정말 잘 추었다. 그녀는 비올[113]을 대단히 멋지게 연주했고, 이 재능을 살려 그녀 또래 젊은이들에게 유행하는 춤과 카드리유 춤을 가르쳐주면서 그들이 자신을 찾게끔 했다.

그녀는 형제, 자매들의 사랑을 독차지했다. 그녀는 이렇게 말했다. "제가 불구였으니 얻을 수 있는 사랑이었죠. 제게 배려를 해 주시고 저는 그 배려에 감사하고 그 배려를 받아 마땅한 사람이 되려고 노력하면서 저는 사랑받아요. 한마디 더 하자면 형제, 자매들은 그런 것으로 전혀 질투하지 않아요. 제게 눈이 있었다면 정신과 마음을 희생해야 했겠지요. 착해야 할 이유가 정말 많아요. 저를 보고도 관심이 가지 않으면 제가 무엇이 되겠어요."

부모가 파산했을 때 그녀가 아쉬웠던 것은 선생들을 잃게 된 일뿐이었다. 그런데 선생들이 그녀를 얼마나 사랑하고 높이 평가했던지 기하학자와 음악가는 그녀에게 무료로 강의를 들어 주기를 간곡히 청했다. 그러자 그녀가 어머니에게

. .

113. "보통 프랑스에서는 비올(violes)이라는 이름으로 세 가지 종류가 있다. 일곱 개의 현을 가진 바스 드 비올(la basse de viole), 여섯 개의 현을 가진 드쉬 드 비올(le dessus de viole)과 파르드쉬 드 비올(le par—dessus de viole)이 그것이다. 이 세 비올은 크기만 다를 뿐 바이올린과 비슷하다. 차이가 있다면 뒷면이 평평하고 목 부분이 더 넓고 지판(指板)이 다르고 현이 더 많다는 것이다"(『백과사전』, 〈비올〉 항목, t. XVII, p. 315). 이 부분에서 살리냐크 양이 연주하는 비올은 파르드쉬 드 비올이라고 되어 있다.

이렇게 말했다. "어머니, 어떻게 해야 해요? 그분들은 부자도 아니고 시간도 없으세요."

그녀는 커다란 판 위에 부각된 오선에 음표들을 입체로 만들어 악보를 익혔다. 그녀는 손으로 이 음표들을 읽고는 금세 배워 악기로 연주했다. 악곡이 길고 복잡해도 부분부분 연주하는 법을 배웠다.

그녀는 천문학, 대수학, 기하학의 기초 지식을 갖고 있었다. 그녀의 어머니는 그녀에게 라 카유 신부의 저작[14]을 읽어주고 가끔 이를 이해했는지 물었다. 그러면 그녀는 "수월하게" 이해했다고 대답했다.

그녀는 기하학이 맹인의 진정한 학문이라고 주장했는데, 그것은 그녀가 정신을 집중했고, 실력을 늘리는 데 다른 도움이 필요 없어서였다. 그녀는 이렇게 덧붙였다. "기하학자는 거의 평생을 눈을 감고 보냅니다."

나는 그녀가 지리학을 공부하는 데 이용했던 지도를 보았다. 위선과 경선은 놋쇠 줄이었고, 왕국과 지방의 경계는 실, 명주실, 털실로 구분했는데 그 굵기가 달랐다. 크기가 다른 대하大河, 강, 산은 굵기가 다른 핀의 머리로 표시했다.

∙∙

114. 라 카유 신부(L'abbé N.–L. de la Caille)는 『수학 기초강의 혹은 대수학과 기하학의 기초 Leçons élémentaires de mathématique, ou Eléments d'algébre et de géométrie』(1741)의 저자이다.

규모가 차이 나는 도시들은 크기가 다른 밀랍 방울로써 구분되었다.

언젠가 나는 그녀에게 "아가씨, 입방체를 머릿속에 그려보세요."라고 말했다. 그러자 그녀는 "보고 있어요."라고 대답했다. "입방체 중심에 점 하나가 있다고 생각해 보세요."라고 하자 "생각했어요."라고 말했다. "그 점에서 모든 각에 직선을 그어보세요. 자, 아가씨는 그 입방체를 분할하신 겁니다." 그녀는 "여섯 개가 합동인 각뿔로 분할되네요. 각뿔 하나하나는 면이 동일하고, 입방체를 밑변으로 하고, 높이는 절반이 되네요."라고 덧붙였다. "맞습니다. 아가씨는 그걸 어디서 보시나요?" 그러자 그녀는 "당신처럼 머릿속에서지요."라고 대답했다.

그녀가 머릿속에서 색으로 구분하지 않고 어떻게 상상한 것인지 내가 명확하게 이해하지 못했다는 점을 고백한다. 이 입방체는 촉각으로 이루어진 감각 작용을 기억해서 그런 것일까? 그녀의 두뇌는 일종의 손 역할을 함으로써 실체들을 형상화 해내는 것일까? 결국 서로 다른 두 감각에 일종의 상응 같은 것이 이루어진 것일까? 이런 교류가 왜 내 안에서는 이루어지지 않는 것이며, 색으로 구분하지 않으면 왜 나는 머릿속에서 아무것도 보지 못하는 것일까? 맹인의 상상력이란 무엇일까? 이 현상은 생각만큼 설명이 쉽지 않다.

그녀는 종잇장 위에 핀으로 글을 썼는데 이때 종이를 평행하고 움직이는 두 금속 실絲이 통과하는 틀에 고정시켰다. 금속 실로 한 행과 다음 행의 간격만큼 빈 공간을 마련하는 것이다.

이렇게 글을 썼다는 점이 그녀가 핀이나 바늘로 종이 뒷면에 크기가 다른 글자들을 만들었고 그 위에 손가락 끝을 이동시키면서 읽었다는 답변이 된다.

그녀는 단면 인쇄된 책을 읽었다. 프로[115]는 이런 방식으로 책을 인쇄해서 그녀가 읽도록 했다.

그녀가 쓴 편지 한 통이 그 당시 『메르퀴르』 지에 실렸다.

그녀는 바늘을 이용해서 고등법원장 에노[116]의 『간추린 역사』를 끈기 있게 베꼈다. 그녀의 어머니 드 블라시 부인에게서 나는 저 독특한 수고본을 얻었다.

그녀의 가족 모두가 증언하고, 나와 지금까지 살아 있는 스무 사람이 증언하고 있지만 그래도 참 믿기 어려운 사실이

· ·

115. 피에르 프로(Pierre Prault, 1685~1768)는 파리의 유명한 인쇄 출판업자로 역시 아버지의 가업을 물려받은 아들 로랑 프랑수아 프로(Laurent-François Prault, 1712~1780)와 구분하여 Prault père라고도 불린다.

116. 샤를 프랑수아 에노(Charles-François Hénault, 1685~1770)는 파리 고등법원장으로 『클로비스부터 루이 14세의 사망까지 프랑스 역사의 사건들을 연대기적으로 포함한 새로 간추린 프랑스 역사 *Nouvel abrégé chronologique de l'histoire de France, contenant les événements de notre histoire depuis Clovis jusqu'à la mort de Louis XIV*』(Paris, Prault père, 1744)의 저자이다. (D)

하나 있다. 12행이나 15행으로 된 운문 작품에서 그녀에게 첫 번째 문자나 단어를 구성하는 문자의 수를 제시하면 아무리 기이한 작품이었대도 그녀는 그렇게 제시된 작품을 찾았다. 나는 샤를 콜레[117]의 난해한 작품을 갖고 실험을 해보았는데 그녀는 간혹 그 시인의 표현보다 더 멋진 표현을 찾아내고는 했다.

그녀는 그보다 가늘 수 없는 바늘에도 정말 그렇게 재빠르게 실을 꿸 수가 없었다. 왼손 검지 위에 실이나 명주실을 늘이고, 바늘을 수직으로 잡고 바늘귀에 실을 꿰어 늘였다.

그녀는 접어 감친 가장자리 장식, 단색이거나 대칭을 이루고 구멍을 내고 다양한 그림을 넣고 색이 다채로운 지갑, 양말대님, 팔찌, 인쇄소에서 쓰는 문자처럼 작은 유리 세공품이 달린 목걸이 등, 소소한 물건들이면 만들어 보지 않은 것이 없었다. 확신컨대 그녀는 훌륭한 식자공이 되고도 남았을 것이다. 큰일을 해내는 자는 작은 일도 문제없다.

그녀는 리버시 카드놀이, 메디아퇴르 놀이, 카드리유 놀이

. .

117. 샤를 콜레(Charles Collé, 1709~1783)는 잘 알려진 노래를 패러디해 즐겁고 가볍고 외설적인 노래를 지어 불렀다. 난해한 작품(amphigouris)이란 저자들이 데생 화가들과 화가들을 모방한 시 텍스트를 가리키는 말인데, 이때 "양식은 전혀 고려하지 않고 작시법과 언어의 규칙들과는 다른 규칙들을 없애지 않고 글을 쓰도록"(『백과사전』, 〈허구〉 항목, t. VI, p. 682) 한다. (D)

를 완벽하게 해냈다. 그녀는 카드에 손으로 알아볼 수 있는 표시를 해서 구분했고 몸소 카드를 돌렸다. 물론 그 표시는 다른 사람들은 보고 만져서 구분할 수 없는 것이었다. 리버시 게임에서 그녀는 에이스의 표시를 바꿨는데 특히 하트의 잭, 다이아몬드 에이스가 그랬다. 그렇게 되면 그녀에게 기울여야 할 배려라는 것은 게임에서 카드의 이름을 거명하는 것이 된다. 하트의 잭을 내놓지 않을 수 없게 되면 그녀는 입가에 가벼운 미소를 띠었는데[118] 조심성 없는 일이기는 했지만 그녀는 미소를 참을 수가 없었다.

그녀는 운명론자였다. 그녀는 운명을 피하려고 우리가 노력해도 그것도 결국 그 운명으로 이끄는 구실밖에 안 된다고 생각했다. 종교에 대한 의견이 무엇인지는 모르겠다. 그녀가 독실한 신앙심을 가진 어머니를 배려하여 비밀을 간직했기 때문이다.

그녀가 서체, 데생, 판화, 회화를 어떻게 생각했는지 제시할 일만 남았다. 나는 그보다 더 진리에 가까워질 수 있으리라고는 생각하지 않는다. 내가 대화 상대자가 되었던 다음의

•   •

118. 리버시 게임에서 하트의 잭은 가장 강력한 카드이다. 이 게임의 전략은 하트의 잭에 집중되어 있다. 내놓아야 할 색이 없어서 이 카드를 내야 하는 사람이 승리한다. 하트가 나와서 하트의 잭을 내놓지 않을 수 없는 사람은 점수를 잃고, 다른 사람이 그 카드를 사용하지 않을 수 없도록 만들었을 때 점수를 얻는다. (D)

대화를 통해서 부디 판단해 보시기 바란다. 그녀가 먼저
말을 떼었다.

"선생님께서 제 손 위에 뾰족한 필기구로 코, 입, 남자,
여자, 나무를 그렸다면 확실히 저는 그것을 틀리지 않고
맞출 수 있을 거예요. 특징을 정확히만 그렸다면 선생님께서
누구를 그렸는지 알아보리라는 희망을 버리지 않을 거예요.
그때 손은 제게는 감각을 느끼게 해 주는 거울이 되겠죠.
이런 화폭과 시각기관 사이의 감수성의 차이가 크기는 하지
만요.

그래서 저는 눈이란 무한히 섬세한 살아 있는 천布 같은
것이 아닐지 가정해요. 공기가 대상을 자극하고, 그 대상에서
공기가 굴절되어 눈 쪽을 향하고, 그 눈은 본성, 형태, 사물의
색에 따라, 그리고 아마 저는 전혀 모르고, 또 당신도 저
이상으로 알고 있지는 못하는 공기의 성질에 따라 눈은 무한
히 많은 수의 다양한 자극들을 받아들입니다. 대상이 당신에
게 그려지는 것은 바로 이러한 감각 작용의 다양성 때문입니
다.

제 손의 피부가 섬세한 당신 눈에 필적했다면 당신이 눈으
로 보는 것처럼 저는 손으로 볼 수 있었을 거예요. 또 저는
눈은 보이지 않지만 그래도 명확히 볼 수 있는 동물이 존재하
리라고 가끔 생각해요.

"거울은 어떻게 생각하세요?"

"모든 물체가 그만큼의 거울이 아닌 것은 그 조직에 무슨 결함이 있어서 공기가 굴절되지 못하게 되었기 때문이에요. 매끄러운 금, 은, 철, 동銅은 공기의 굴절에 적합하게 되고 혼탁한 물과 긁힌 자국이 난 거울은 이런 속성을 잃으니까 저는 그만큼 더 그렇게 주장할 수 있다고 생각합니다.

문자와 데생, 데생과 판화, 판화와 그림을 구분해 주는 것은 감각 작용의 다양성이며, 그 결과 당신이 사용하는 물질이 빛을 굴절시키는 속성입니다.

한 가지 색으로 쓴 서체, 데생, 판화, 단색화는 모두 단채화單彩畵, camaïeux라고 할 수 있습니다."

"그런데 색이 하나뿐이니 그 색만 구분할 뿐이죠."

"필경, 화폭의 바탕, 물감의 두께, 물감을 사용하는 방식으로 인해 공기가 굴절하면서 형태의 다양성에 부합하는 다양성이 생겨납니다. 그렇지만 제게 더 이상은 묻지 말아 주세요. 그 이상은 모릅니다."

"당신께 더 배우려고 공연히 애쓰지 않겠습니다."

나는 여러분에게 이 젊은 맹인 처녀를 더 자주 만났더라면, 또 천재적으로 그녀에게 질문을 했더라면 관찰할 수도 있었을 모든 말씀을 드린 것은 아니다. 그렇지만 나는 여러분에게 내 경험이 아닌 것은 전혀 말씀드리지 않았다는 사실을 믿어

주시기를 부탁드린다.

　그녀는 스물두 살에 사망했다. 엄청난 기억력과 기억력에 버금가는 통찰력을 자랑했던 그녀에게 더 오랜 나날들이 허락되었더라면 학문에 대단한 길이 열렸을지 모를 일이다! 그녀의 어머니는 딸에게 이야기를 읽어주곤 했고, 이는 두 사람 모두에게 공히 유용하고 즐거운 일이었다.

데카르트, 『굴절광학』, 첫 번째 담화

빛에 대하여

[…] 여러분은 분명 간혹 횃불 없이 밤길을 걷다가 다소 험한 장소를 거치는 일이 있었을 텐데 그때 지팡이의 도움을 받아 길을 갔을 것이다. 그러면 여러분은 지팡이를 매개로 여러분 주위에서 마주치게 되는 다양한 대상을 느꼈으며, 심지어 나무, 돌, 모래, 물, 풀, 진흙 및 어떤 비슷한 다른 것을 구분할 수 있었음에 주목할 수 있었다. 이런 유의 감각이 이를 오랫동안 사용하지 않았던 사람들에게는 약간 모호하고 막연하다는 점은 사실이다. 그렇지만 맹인으로 태어나서 평생 지팡이를 사용했던 사람들에게서 이런 유의 감각을 고려해 보시라. 그러면 여러분은 그 감각을 대단히 완벽하고

대단히 정확하게 느끼게 되어 그들은 손으로 본다거나 지팡이가 그들의 시각의 결함을 메워주었던 육감의 감각기관이라고까지 말할 수 있을 것이다. 그리고 이 점을 비교해 보기 위해서 나는 빛이란 여러분이 광원이라고 부르는 물체들에서라면 그저 공기와 다른 투명한 물체들을 매개로 우리의 눈을 향해 나아가는 대단히 신속하고 대단히 강렬한 어떤 운동이나 작용과 다른 것이 아니라고 생각해 보셨으면 한다. 이는 맹인이 마주치게 되는 물체의 운동이나 저항이 지팡이를 매개로 그의 손을 향해 나아가는 방식과 동일하다. 이 점으로 인해 처음에 여러분은 이 빛이 태양에서 우리에게까지 순식간에 광선을 이르게 할 수 있다는 사실을 이상하다고 생각하지 못할 것이다. 여러분은 지팡이 한끝을 움직이게 되면 그로 인해 순식간에 다른 끝까지 나아가며, 이런 방식으로 그 거리가 지구와 하늘의 거리보다 더 멂에도 동일한 방식으로 그렇게 나아가는 것이 틀림없으리라는 점을 알고 있기 때문이다. 여러분은 또한 이런 방식으로 우리가 모든 종류의 색을 볼 수 있다는 사실도 이상하다고 생각하지 못할 것이며, 이 색들은 아마 여러분이 착색되었다고 부르는 물체들에서 그 물체들이 우리 눈으로 보내고 또 되돌려 보내는 다양한 방식들일 뿐임을 믿으실 것이다. 맹인이 나무, 돌, 물 및 비슷한 사물들 사이에서 지팡이를 매개로 관찰하는 모든 차이와, 우리가 붉은색, 노란색, 초록색 및 다른 모든 색 사이에서 우리가 갖게 되는 차이들과 전혀 다르지 않아 보이고, 그렇지만 이 차이들은 이 모든 물체에서 이 지팡이가 운동하거나 그 운동에 저항하는 다양한 방식과 다른 것이 아니라는 점에 여러분이 주목하신다면 말이다. 그런 뒤 여러분은 대상들에서 출발해서 우리 눈에 이르기까지 무엇인가 물질적인 것이 이동함으로써 우리가 색과 빛을 보게 되는 것이라거나, 이들 대상에서는 우리가 빛과 색에 대해 가진 관념이나 감각과 유사한 것이 전혀 없다고 가정할 필요가 없음을 판단할 기회가 있을 것이다. 그렇지만 이들 물체에서 맹인이 지팡이를 따라 자기 손에 이르러 느낄 수 있는 것은 전혀 나오지 않으며, 이들 물체의 저항이나 운동이라는 것도 맹인이 그것에 대해 생각할 수 있는 관념과 전혀 비슷한 것이 아니다. 바로 이런 방식을 통해 여러분의 정신은 공기를 통해 이곳저곳으로 옮겨가는 이런 작은 이미지들을 이제는 생각하지 않게 될 것이다. 그런 이미지들은 지향상espèces intentionnelles이라고 해서 수많은 철학자를 사로잡았다. 여러분도 시각 감각의 원인이 되는 작용이 비롯되는 자리가 어디인지에 대해 철학자들이 논의하는 이 문제를 쉽게 판정하실 수 있을 것이다. 우리의 맹인은 자기 주위의 물체들이 지팡이에 부딪히면서 만들어 내는 작용뿐 아니라 눈 속에 존재하여 그 물체들을 향하는 작용에 의해서도 느낄 수 있기 때문이다. 그렇지만 이 작용이 빛과 다른 것이 아니려면 고양이들처럼 빛이 눈 속에 있어서 어두운 밤에만 볼 수 있는 사람들이 있고, 보통 사람들의 경우, 대상들에서 비롯하는 작용을 통해서만 볼 뿐인데, 눈이 있어서 그 대상들을 보는 것이 아니라 그 대상들은 보여지기 위해서 빛을 발하거나 빛을 받아야 한다는 점을 우리는 경험으로 알고 있기 때문이다. 그러나 이 맹인의 지팡이와 공기, 혹은 우리가 매개를 통해 보게 되는 다른 투명한 물체들의 중대한 차이를 보이기 위해서 나는 다른 비유를 이용해야 할 것이다. […]

여섯 번째 담화

시각 작용에 대하여

거리의 시각 작용은 위치의 시각 작용과 마찬가지로 대상에서 눈으로 보내진 어떤 이미지에도 의존하지 않는다. 그 시각 작용은 첫째, 눈에 그려진 물체의 형상에 좌우된다. 우리가 이미 말했듯이 이 형상은 우리 눈에 가까운 것을 보게 할 때와 우리 눈에서 더 먼 것을 보게 할 때 조금 다르다. 우리가 대상과의 거리에 비례하여 시각 작용에 변화를 줌에 따라 우리 두뇌의 어떤 부분에도 변화가 일어난다. 이 거리를 우리 영혼은 자연이 설정한 방식에 따라 알아차릴 수 있다. 이런 일은 깊이 생각해 보지 않아도 통상 우리에게 일어난다. 그러나 우리가 손으로 어떤 물체를 꼭 쥐게 되면 그 물체의

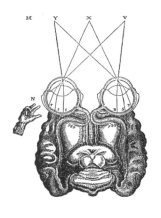

크기와 형상을 일치시키게 되고, 그 방식으로 물체를 느끼게 되는데 이때 이를 위해 물체의 운동을 생각할 필요도 없다. 둘째, 우리는 두 눈의 상호 관계에 따라 거리를 알게 된다. AE와 CE의 두 개의 지팡이를 쥐고 있는데, 나는 그가 그 지팡이들의 길이를 모르고, 단지 두 손 A와 C의 간격 및 두 개의 각 ACE와 CAE의 크기만을 안다고 가정한다. 그때 맹인은 자연기하학을 따라서 점 E의 위치를 알 수 있다. 그래서 우리의 두 눈 RST와 rst가 점 X를 향할 때 선 Ss의 길이와, 두 각 XSs와 XsS의 크기를 알면 점 X가 어디에 있는지 알 수 있다. 우리는 또한 한쪽 눈만으로도 눈의 위치를 변경시킴으로써 똑같은 결과를 얻을 수 있다. 우리는 눈을 계속 점 X를 향하게 하면서 처음에는 점 S에 고정시키고,

그다음에 즉시 점 s에 고정시키면, 그것만으로 선 Ss의 길이와, 두 각 XSs와 XsX의 크기가 상상력에 동시에 나타나고, 이로써 우리는 점 X의 거리를 충분히 알 수 있게 된다. 사유 작용은 고작 단순한 상상력[119]에 불과하지만 그 자체로 측량사가 행하는 것과 아주 동일한 추론을 포함한다. 측량사는 상이한 두 지점stations을 이용하는 방식으로 접근할 수 없는 공간을 측량하는 것이다. […]

119. 데카르트는 여기서 지각은 "단순한 상상력"일 뿐 시각 작용이 아니라고 보고 있다. 그는 여기서 시각 작용이 이미지에 근거한다는 점을 주장하려는 것이 아니라 객관적인 특질들을 지각하기 위해 사용되는 모든 방법을 기술하고자 한다.

볼테르, 『뉴턴 철학의 기초』, 2부 7장

먼저 거리의 문제를 살펴보자. 거리는 그 자체로 즉각적으로 지각될aperçu 수 없음이 분명하다. 거리란 대상에서 시작해서 우리를 잇는 선線일 뿐이기 때문이다. 이 선은 한 점에서 끝난다. 그러므로 우리는 대상이 천千 리외약 4천km 거리에 떨어져 있든 1피에약 32cm 거리에 떨어져 있든 그 점點만을 느끼고, 그 점은 항상 동일한 점으로 남는다.

어떤 물체가 단단한지 무른지는 촉각으로, 달콤한지 씁쓸한지는 미각으로, 두 음音 중 하나가 저음이고 다른 하나가 고음인지는 청각으로 감지하는 수단을 갖지만 거리를 단번에 지각하는 즉각적인 수단은 전혀 없다. 주의해야 할 점은 내가 손가락을 대는 한 물체의 모든 부분은 무름軟에 대한 감각의 가장 직접적인 근인根因이며, 진동체corps sonore가 자극한 공기의 진동은 소리의 가장 직접적인 근인이라는 것이다. 그런데 내가 거리의 관념을 즉각 가질 수 없다면 나는 거리의 관념을 매개가 되는 다른 관념을 통해 알게 되는 것임이 틀림없다. 그렇지만 적어도 나는 이 매개가 되는 관념을 알아야 한다. 내가 가지지 못할 관념은 그것과 다른 관념을 내게 갖춰줄 수 없음이 확실하기 때문이다. 나는 어떤 집이 어떤 강에서 천† 리외 떨어져 있다고 말하지만 그 강이 어디에 있는 것인지 모른다면 그 집이 어디에 있는지도 모른다는 점이 확실하다. 어떤 물체가 쉽게 내 손의 자극을 받아들인다면 나는 즉각 그 물체가 무르다는 결론을 내리고, 다른 물체가 내 손의 자극에 저항한다면 나는 즉각 그 물체가 단단하다는 결론을 내린다. 그러므로 내 눈에 어떤 각들이 형성되었음을 느끼면서 이로부터 즉각적으로 대상들의 거리를 결정하게 되는 것이 틀림없는 것 같다. 그런데 사람들 대부분은 이런 각들이 존재하는지조차 모르므로 그것이 여러분이 거리를 알게 되는 즉각적인 원인일 수 없음이 명백하다.

생전 처음으로 대포 소리나 음악회의 음을 듣는 사람은 대포를 쏘는 곳과 음악을 연주하는 곳이 1리외 거리에서인지 30보步 거리에서인지 판단할 수 없을 것이다. 자신과 그 소리의 발원지의 거리를 익숙하게 판단할 수 있도록 해 주는 것은 오직 경험뿐이다. 진동이며 공기의 파동이 일어나면서 음은 귀에 이르고, 더 정확히 말하자면 영혼에 이르게 된다. 그런데 이 소리는 대포나 악기의 모양이 어떠한지 가르쳐주지 못하는 것 이상으로 그 소음의 발원지가 어디인지 영혼에 알려주지 못한다.

어떤 대상에서 비롯한 빛줄기도 정확히 이와 같다. 빛줄기를 보고도 우리는 그 대상이 어디에 있는지 전혀 알 수 없는 것이다.

빛줄기를 보고서는 크기는 물론, 형상도 알 수 없다.

나는 멀리서 작은 탑 같은 것을 본다. 앞으로 나아가서, 그것을 알아보고, 네 각을 가진 대형 건물을 만진다. 확실히 내가 지금 보는 것과 내가 만지는 것은 내가 보았던 것이 아니다. 내 눈에 있었던 저 작은 둥근 물체는 이 사각의 대형 건물이 아닌 것이다.

그러므로 측정 가능하고 촉지 가능한 대상이 다르고 시각 대상이 다르다. 나는 내 방에서 마차 지나가는 소리를 듣는다. 나는 창문을 열고 그 마차를 보고는 내려가서 마차를 탄다. 그런데 내가 도착하는 소리를 들은 마차, 내가 눈으로 본 마차, 내가 손으로 만진 마차는 서로 즉각적인 관계를 전혀 갖지 않는 내 감각의 완전히 서로 다른 세 가지 대상이다.

그뿐이 아니다. 나와 8피에 거리만큼 떨어진 사람을 볼 때보다 나와 4피에 거리만큼 떨어진 사람을 볼 때 아주 작은 차이는 있지만 우리 눈에 더 큰 각이 거듭 형성된다는 점이 증명되었음은 이미 내가 말한 바 있다. 그렇지만 나는 이 사람의 신장이 언제나 같다고 본다. 어떻게 내 감각과 내 감각기관의 메커니즘이 이런 식으로 모순되는 것일까? 그 대상은 실제로 내 눈에서 거듭 더 작지만 나는 그 대상을 거듭 더 크게 본다. 우리 눈의 수정체가 어떤 방향에 있게 되거나 어떤 형태를 취하게 된다고 설명해보았자 소용없는 일이다. 어떻게 가정하든 내가 4피에 멀리 떨어져 있는 사람을 보는 각은 8피에 떨어진 사람을 보는 각의 항상 두 배이다. 이 문제는 기하학으로는 결코 해결되지 않고 자연학 역시 무능하기란 같다. 여러분이 눈이 새로운 구조를 갖고, 수정체가 돌출하고, 각이 커진다고 가정한다면 이 모든 것은 8피에 떨어진 대상이나 4피에 떨어진 대상이나 똑같이 작용할 것이다. 비례는 항상 동일할 것이므로 여러분이 8피에 떨어진 대상을 1배 반 더 큰 각으로 본다면 4피에 떨어진 대상도 역시 1배 반 또는 그 정도의 각으로 보게 된다. 그러므로 기하학도, 자연학도 이 난점을 설명할 수 없다.

이 기하학적 선과 각들은 우리가 대상들을 이만저만한 크기와 거리로 보는 것 이상으로 그 대상들을 그 대상들의 자리에서 보게 되는 실제적인 원인이 아니다.

영혼은 눈 아래쪽에 어떤 부분이 그려지게 되는지 고려하지 않는다. 영혼이 보지 않는 선들에 아무것도 관련시키지 않는 것이다. 눈은 그저 아래를 향하면서 땅 옆에 있는 것을 보는 것이고, 위를 향하면서 땅 위에 있는 것을 보게 된다.

이 모든 것은 시각의 감각을 얻을 수 있었을 선천적 맹인을 통해서가 아니었다면 확실해질 수 없었고 무슨 반박에서도 벗어날 수 없었다. 이 맹인이 눈을 뜬 바로 그 순간 거리, 크기, 위치를 판단할 수 있었다면 단번에 망막에 형성된 광각光角, angles optiques이 감각의 직접적인 원인이었을 것이다. 그래서 버클리 박사는 로크의 뒤를 이어(또한 이 점에서 로크보다 훨씬 더 멀리 나아가서) 갑자기 눈에 빛을 받게 될 맹인은 위치, 크기, 거리, 형상을 전혀 구분할 수 없으리라 확신했다.[120]

그런데 이 문제를 의심할 여지 없이 해결할 수 있었던 맹인을 어디에서 찾을 수 있었을까? 1729년에 마침내 숙련된

..

120. "요컨대 시각 관념은 모두 그의 마음속에서 거기에 덧붙여진 이름이 없는 새로운 지각이다. 그러므로 [선천적 맹인은] 그것에 관해서 사람들이 그에게 하는 말을 이해할 수 없다. 그리고 그에게 탁자에 놓인 것으로 본 두 물체 가운데 어느 것이 구이고 어느 것이 입방체인지 묻는 것은 그를 철저히 희롱하는 전혀 이해할 수 없는 무름이다. 그가 보는 어떤 것도 물체와 거리 관념, 또는 일반적으로 그가 이미 알았던 어떤 것의 관념을 그의 생각에 시사할 수 없기 때문이다"(버클리, 『새로운 시각 이론에 관한 시론』, §135, 이재영 역, 아카넷, 2009, 173쪽).

솜씨와 그보다 대단할 수 없는 지식의 정신을 겸비한 유명한 외과 의사 체셀든 씨가 한 선천적 맹인에게 태어날 때부터 눈에 백내장이라고들 하는 것이 있었다고 짐작하여, 이를 제거하면 그에게 시력을 마련해줄 수 있으리라 생각하고 수술을 제안했다. 그 맹인은 선뜻 동의할 수 없었다. 시각을 얻는다고 그것이 그가 누리는 즐거움을 훨씬 높여줄 수 있으리라는 점을 확신할 수 없었던 까닭이다. 읽고 쓰는 법을 배울 수 있다는 욕심도 자극해 보았지만 그런 걸 욕망하지 않았으니 앞을 보고자 하는 욕망도 없었다. 이렇게 무관심으로 일관하면서 그는 '우리가 관념을 갖지 않은 선을 결여했다는 것으로 불행해질 수 없다는 점을 증명했던 것이다. 정말이지 대단히 중요한 진리가 아닌가. 어떻건 수술은 성공적으로 이루어졌다. 14세 정도의 나이였던 이 젊은이가 처음으로 빛을 보게 되었다. 그의 경험으로 보았을 때 로크와 버클리가 대단히 정확히 예상했던 모든 것이 확증되었다. 그는 오랫동안 크기, 위치는 물론, 형상조차 구분하지 못했다. 1푸스^약 _{2.7cm} 길이의 물체를 그의 눈앞에 가져가자 그 물체가 자기 앞의 집을 완전히 가려버렸으므로, 그는 그 물체가 집만큼 크다고 생각했다. 그가 보았던 모든 것은 처음에는 눈^틀 바로 위에 있는 것처럼 보였고, 촉각의 대상이 피부에 접촉하듯 눈을 자극했다. 처음에 그는 손을 이용해서 둥글다고 판단했던 것과, 각졌다고 판단했던 것을 구분할 수 없었고, 손으로 감각해서 위나 아래에 있다고 판단했던 것이 실제로 위나 아래에 있는지 분간할 수 없었다.[121] 크기라는 것을 도대체 이해할 수 없었으니 눈으로 자기 집이 방보다 더 크다는 것을 알게 된 뒤에도 시각을 통해 어떻게 그런 생각을 갖게 되는지 이해할 수 없었다. 그림이 입체의 재현임을 알게 되는 데 꼬박 두 달의 경험이 필요했다. 더욱이 자신 안의 새로운 감각으로 오랫동안 시행착오를 반복한 뒤에 그저 표면이 아니라 물체들이 그림에 그려졌음을 느끼게 되었고 그리로 손을 가져다 대었는데 그 그림에 재현되었음을 알아차리기 시작한 입체를 손으로 발견할 수 없었으니 깜짝 놀랐다. 그러고는 촉각이 속이는 것인지 시각이 속이는 것인지

• •

121. "실제로 선천적 맹인이 촉각으로 위와 아래의 관념을 가질 수 있게 되리라는 것은 분명하다. 그는 손을 움직여서 손이 닿는 곳에 놓인 촉각 대상의 위치를 식별할지도 모른다. 그는 자신을 받친다고 느꼈던 부분 또는 자신의 몸이 그쪽으로 내려앉는다고 지각했던 부분을 낮다고 부르고, 이것의 반대를 높다고 부를 것이다. [⋯] 그러나 그렇다면 대상의 위치에 관해 그가 내리는 판단은 촉각으로 지각할 수 있는 것에만 국한된다. [⋯] 그리하여 [선천적 맹인이] 보게 되었다고 상정한다면 당연한 결과로써 그는 첫눈에 본 것이 높거나, 낮거나, 정립하거나 거꾸로 선다고 생각하지 않으리라는 것이 명백하다. [⋯] 그가 이제까지 위와 아래, 높음과 낮음이라는 용어를 적용시키는 데 익숙해져 온 대상은 그의 촉각에 의해 영향을 받았거나 또는 어떤 방식으로 지각된 것일 뿐이다[⋯]"(버클리, 『새로운 시각 이론에 관한 시론』, §93~95, 앞의 책, 135~137쪽).

물었다.

그러므로 우리가 사물을 바라보는 방식이 우리 눈 안에 형성된 각의 즉각적인 결과가 아니라는 점은 그보다 확실할 수 없는 판단이다. 이런 수학의 각이 우리 눈에서처럼 그 맹인의 눈에도 존재했던 것이지만, 경험과 다른 감각들의 도움 없이는 아무 소용도 없었기 때문이다.

그러니까 크기와 거리를 어떻게 생각해 볼 수 있을까? 정념으로 인해 얼굴에 비치는 색깔이며, 얼굴 모습에 일어나는 변화를 통해서 인간의 정념을 상상해 보는 것과 같은 방식으로 이다. 고통이나 분노를 다른 사람의 얼굴에서 단번에 읽어내지 못할 사람은 없다. 그것은 자연이 모든 사람의 눈에 말하는 언어이지만 그 언어를 배울 수 있는 것은 오직 경험뿐이다. 어떤 대상이 너무 멀리 있을 때 그 대상이 모호하고 희미하게 보인다는 점은 경험으로밖에 알 수 없다. 이를 통해 우리는 관념들을 형성하게 되고, 그다음에 관념들은 시각의 감각 작용을 동반하는 것이다. 그래서 열 발짝 앞에서 5피에 높이의 자기 말馬을 보게 될 누구라도 몇 분 후에 그 말이 양羊만큼 살집이 붙어 있는 것을 본다면 그 사람의 영혼은 반사적인 판단으로 그 순간 그 말이 대단히 멀리 떨어져 있다고 결론 내리는 것이다.

내 말이 양만 한 것을 볼 때 내 눈에는 더 작은 그림과 더 작은 각이 형성된다는 것은 사실이다. 그런데 동반되는 것은 바로 그것이지 내 감각의 원인인 것이 아니다. 마찬가지로 간혹 내가 수치스러워서 얼굴이 붉어지는 남자를 볼 때, 분노에 휩싸여 얼굴이 붉어지는 사람을 볼 때와는 다른 어떤 동요가 내 두뇌에 일어난다. 그런데 목소리를 듣고서만 이해할 수 있는 경험이 없었다면 이 상이한 자극들은 그 사람의 영혼에 무슨 일이 일어나고 있는지에 대해서는 전혀 가르쳐 주지 못할 것이다.

이 각은 내가 커다란 말을 아주 작다고 볼 때 나와 대단히 멀리 떨어져 있다고 판단하는 것의 직접적인 원인이 아니다. 이와는 반대로 내가 동일한 말을 열 발짝, 스무 발짝, 서른 발짝 앞에 떨어져서도 똑같은 크기로 보게 되는 것이다. 열 발짝 거리의 각이 두 배, 세 배, 네 배가 된대도 말이다.

나는 작은 구멍을 통해 지붕 위에 있는 사람을 아주 먼 거리에서 바라본다. 멀리 떨어져 있는 데다 빛의 양도 적으므로 처음에는 그가 사람이 맞는지 분간이 되지 않는다. 그 대상은 내게 아주 작게 보이므로 나는 고작 2피에 크기의 석상을 보고 있다고 믿는다. 그런데 그 대상이 움직이면 나는 그가 사람이라고 판단하고, 바로 그 순간부터 그 사람의 신장을 보통으로 보게 된다. 이렇게 상이한 두 가지 판단은 어디에서 비롯된 것일까?

내가 석상을 보고 있다고 믿었을 때 내가 그것의 크기를 2피에로 생각했던 것은 그 각에 따라 대상을 보았기 때문이다. 영혼으로 하여금 내 망막에 새겨진 윤곽을 반박하지 않을 수 없게 만드는 경험이란 없다. 그런데 내가 그 대상을 사람이라고 판단했을 때부터 내 두뇌에서는 경험을 통해 사람이라는 관념과 오륙 피에의 신장이라는 관념 사이에 마련된 관계로 인해 내가 생각하지 않고도 순식간의 판단으로 나는 그 정도 신장을 가진 사람을 보고 있다고 상상하지 않을 수 없으며, 실제로 그 정도의 신장을 보도록 하는 것이다.

이 모든 점으로부터 거리, 크기, 위치가 엄밀하게 말하자면 가시적인 대상이 아니라는 점을, 즉 시각에 고유하고 즉각적인 대상이 아니라는 결론을 내려야 한다. 시각에 고유하고 즉각적인 대상은 색을 띤 빛 말고는 없[122]고, 다른 모든 것은 시간이 흐름에 따라 경험을 통해 느낄 뿐이다. 우리는 말하고

• •

122. "[…] 우리는 태어날 때부터 지속된 보는 습관에 길들여져 자라난 사람조차도 다른 측면에서는, 즉 그가 보는 것이 그로부터 떨어져 있다고 생각할 때, 돌이킬 수 없는 선입관을 갖게 된다는 것을 발견하지 못할 것이다. 이때 그 문제에 관해 조금이라도 생각했던 사람들이 시각 고유의 직접적인 대상인 색깔이 마음 바깥에 있지 않다는 것에 모두가 동의한 것처럼 보이기 때문이다. 그러나 그렇다면 마찬가지로 우리는 시각에 의해서 연장, 모양, 운동 관념도 갖는다고 말하게 될 것이다. 이 모든 것은 마음 바깥에 그리고 마음으로부터 어떤 거리에 있다고 생각하는 것도 당연하지만, 색깔은 그렇지 않다"(앞의 책, § 43, 88~89쪽).

읽는 법을 배우는 것처럼 정확하게 보는 법을 배운다. 차이가 있다면 보는 기술이 더 쉽고, 자연은 모두에게 한결같은 주인이라는 점이다.

우리 모두의 영혼이 어떤 나이에 이르러 거리, 크기, 위치에 대해 순식간에 거의 단일하다시피 한 판단을 내리는 것을 본다면 우리가 보는 방식으로 보려면 눈을 크게 뜨기만 하면 된다고 생각하게 된다. 그러나 이는 잘못된 생각이다. 다른 감각들의 도움이 필요한 것이다. 사람들이 시각만 갖고 있었다면 길이, 너비, 깊이로 이루어진 연장을 알 방법이 전혀 없었을 것이며, 신의 계시가 없었다면 연장을 깨닫게 될 순수한 정신도 없었을 것이다. 우리의 지성으로는 한 대상의 연장과 그 대상의 색을 구분하기란 대단히 어렵다. 우리는 연장이 아닌 그 무엇도 볼 수 없고 이로부터 우리는 모두 실제로 연장을 본다고 믿곤 한다. 우리 영혼은 루이 금화에서 보이는 노란색과, 그것의 노란색을 보고 있는 루이 금화를 구분하지 않는다. 그것은 우리가 '루이 금화'라는 말이 발음되는 것을 들을 때 우리의 의지와는 무관하게 발음되는 것을 들은 소리와 이 돈의 관념을 결부시키는 것과 같다.

모든 사람이 동일한 언어를 말했다면 우리는 항상 말과 관념은 필연적으로 연동된다는 점을 믿을 준비가 되었을 것이다. 그런데 모든 사람은 상상력에 관한 한 동일한 언어를 갖고 있다. 자연은 그들 모두에게 이렇게 말한다. "당신이 한동안 색들을 보게 되면 당신의 상상력은 모두 똑같은 방식으로 색을 입힌 물체들을 떠올리게 될 것이다. 당신이 내리는 신속하고 의지와는 무관한 이런 판단은 당신이 살아가는 동안 유용할 것이다. 당신 주변에 있는 모든 것의 거리, 크기, 위치를 측정하기 위해 각과 시선視線부터 조사했어야 한다는 점을 예상했어야 한다면 당신이 필요로 하는 사물들이 당신과 열 발짝 거리에 있는지 1억 리외 거리에 있는지 알게 되고, 그 사물들이 진드기만큼 큰지 산山만큼 큰지 알게 되기도 전에 죽고 말았을 것이다. 그러는 것보다는 맹인으로 태어나는 것이 훨씬 나을 것이다.

그러므로 우리의 감각이 우리를 속인다고 말할 때 우리는 엄청난 오류를 범하는 것이다. 우리 감각 하나하나는 자연이 마련한 기능을 수행한다. 감각들은 서로 도우며 경험의 손을 통해서 우리 존재가 포함하는 지식의 척도를 영혼에 보내는 것이다. 그런데 우리에게 마련되기 위해 생긴 것이 아닌 것을 감각에 요구한다. 우리는 눈이 단단함, 크기, 거리 등을 알려주기를 바란다. 그런데 촉각은 이 점에서 시각과 일치하고, 경험이 이들을 돕는 것임이 틀림없다. 말브랑슈 신부가 자연을 이런 측면으로 바라보았다면 아마 우리 감각의 오류를 훨씬 덜 부여했을지 모르겠다.[123] 우리 모든 관념들의 유일한 원천이 바로 감각인 것이다.

분명 우리가 방금 살펴본 이런 유의 형이상학을 모든 경우로 확장해서는 안 된다. 수학으로 충분하지 않을 때만 형이상학에 도움을 구해야 한다. 바로 이 점이 말브랑슈 신부의 주장에서 인정하지 않을 수 없는 오류이다. 예를 들어 그는 광학 규칙들로만 설명할 수 있는 결과들을 인간의 상상력에 부여하는 것이다. 그는 항성들은 자오선에 올랐을 때보다 지평선에 머물 때 더 크게 보인다면, 그 책임은 오직 상상력에 있다고 믿는다.[124] 우리는 다음 장에서 100년 전부터 많은

· ·

123. "[…] 대상들의 거리, 크기 등을 판단하는 것은 우리의 영혼이 아니라, 영혼과 신체의 결합 법칙의 결과로써 신(神)임을 다시 알려야 한다고 생각한다. 바로 그런 이유로 나는 이런 종류의 판단들을 우리 속에서, 우리 없이, 심지어 우리 의지와 무관하게 이루어진다는 점을 지적하기 위해 '자연적'이라고 불렀던 것이다. 그러나 신은 그 판단들을 우리 속에서, 우리를 위해, 우리 스스로가 그 판단을 내릴 수 있었을 그대로 만드셨으므로, 우리 눈과 우리 두뇌에서 현재 일어나는 모든 것인 광학과 기하학을 우리가 완벽하게 알았고, 우리 영혼이 스스로 행동하고 감각을 마련할 수 있었다면, 나는 영혼이야말로 추론과 판단을 하는 주체이고, 다음에는 그 내부에서 무한한 힘과 지성의 결과일 수밖에 없는 감각 작용들을 야기한다고 주장하는 것이다. 그러므로 우리가 눈을 뜨자마자 오직 신만이 단번에 우리를 둘러싼 대상들의 크기, 형상, 운동, 색깔을 가르쳐줄 수 있다. 그러나 신은 이 대상들이 우리 신체에 만들어 내는 인상들의 결과로써만 그렇게 할 뿐이므로, 우리에게 알려진 이들 인상의 다양성으로부터 우리 감각 작용의 다양성의 이유를 끌어내야 한다 […]"(말브랑슈, 『진리의 탐구에 대하여』, 1권 9장).

124. "이로부터 달이 지평선 아주 높은 곳에 떠 있을 때보다 달이 뜰 때 더

철학자들이 실행했던 이 현상을 설명하겠다.

커 보이는 실제 이유를 쉽게 알 수 있다. 달이 뜨면 달은 우리에게 몇 리외 떨어진 것처럼 보이고, 우리 시선이 끝나는 지평선 끝이나 밭들 너머에 있다. 반면 달이 지평선 위에 올랐을 때 우리는 달이 그저 반(半) 리외 정도 떨어져 있거나, 집들보다 일고여덟 배 더 높은 곳에 있다고 판단한다. 그래서 우리는 달이 지평선에서 대단히 멀리 떨어져 있을 때보다 지평선에 더 가까이 있을 때 훨씬 더 크다고 판단한다. 달이 지평선 위에 대단히 높이 올라 있을 때보다 달이 뜰 무렵에 우리와 훨씬 더 멀리 떨어져 있다고 판단하기 때문이다"(말브랑슈, 『진리의 탐구에 대하여』, 1권 9장).

콩디야크, 『인간지식기원론』, 1부 6절

근거 없이 영혼에 부여했던 몇몇 판단들에 대하여, 혹은 한 형이상학 문제의 해법

§ 1. 나는 지금까지 자기 내부에서 지각할 수 없는 영혼의 작용은 없다고 말했다고 생각한다. 그런데 철학자들은 시각 현상을 설명할 목적으로 우리가 전혀 의식하지 못하면서 내리는 어떤 판단들이 있다고 가정했다. 이 입장은 대단히 널리 인정되고 있어서 철학자들 중 가장 신중한 이였던 로크도 이를 받아들였다. 다음이 그의 설명이다.

"지각을 주제로 한 가지 관찰을 해볼 때인데 그것은 감각 작용을 통해 들어온 관념들이 성인이 된 이들의 정신이 내린 판단 때문에 자주 변질되는데 이를 전혀 알아차리지 못한다

는 것이다. 그래서 눈앞에 단일한 색을 띤 둥근 물체를 가져다 놓았다고 해보자. 그리고 색은 예를 들면 금색이거나 순백색이거나 흑옥黑玉 색이라고 하자. 이 구체를 볼 때 우리 정신에 새겨지는 관념은 우리 눈을 자극하는 빛의 세기에 따라 다양한 음영을 갖는 납작한 원의 재현이라는 점이 확실하다. 그런데 우리는 습관적으로 볼록한 물체가 보통 우리 내부에 어떤 이미지를 형성하는지, 물체들의 뚜렷한 차이에 따라 빛이 반사될 때 어떤 변화들이 생기는지 구분하는 데 익숙하므로 보이는 것을 우리가 보는 이미지의 원인 자체로 대체하게 되는데 이는 습관이 들어 익숙하게 판단하기 때문이다. 그래서 시각 작용과 우리가 그 시각 작용에 잘못 내린 판단을 결합하면서, 우리 눈 가장 안쪽에는 회화작품이 그렇게 보이듯이 다양한 음영과 채색된 평면이 그려지고 있음에도 단일한 색을 띤 볼록한 형상의 관념을 품게 되는 것이다. 이 기회를 잡아서 나는 이 자리에 박식한 몰리뉴 씨가 제기한 문제를 삽입해 보려고 한다. […] "한 선천적 맹인을 가정해 보자. 지금 성인이 되었고 촉각을 이용해서 거의 크기가 비슷한 동일 재질의 금속으로 된 입방체와 구체를 구분하는 법을 배워서, 이것을 만져보고 저것을 만져보면 그것이 입방체인지 구인지 말할 수 있게 되었다. 그 맹인이 앞을 볼 수 있게 되었다고 가정해 보자. 그 입방체와 구체가 탁자

위에 놓여 있는데 맹인은 두 물체를 만지지 않고 보기만 하면서 둘을 구분하고, 어느 것이 입방체이고 어느 것이 구체인지 말할 수 있을지 생각해 보자." 이 문제를 제기한 예리하고 분별 있는 저자는 그럴 수 없다고 대답하면서 이렇게 덧붙였다. "이 맹인이 경험을 통해 구체와 입방체가 촉각을 어떤 방식으로 자극하는지 알았다손 치더라도 이러저러한 방식으로 촉각을 자극하는 것은 무엇이고 이러저러한 방식으로 눈을 자극하는 것은 무엇인지 아직 모르는 데다, 일정하지 않은 방식으로 그의 손을 자극하는 입방체의 돌출된 각이 그의 눈에도 입방체에서 보인 그대로 보일지 아직 모른다." 나는 학식이 뛰어난 이 저자의 생각과 전적으로 같은 생각이다. […] 내 생각은 이 맹인은 입방체와 구체를 만져보면 촉각으로 지각한 형상들의 차이를 통해 그 두 물체가 무엇인지 거명하고 구분할 수 있겠지만 그가 바라보는 것으로 만족했다면 어느 것이 입방체이고 어느 것이 구체인지 확신을 갖고 말할 수 없으리라는 것이다.

§2. 이 추론을 전체적으로 보면 구체를 볼 때 눈 속에 그려지는 이미지는 빛을 받아 상이한 색을 띠는 평평한 원일 뿐이라는 점을 전제하는데 이 점은 사실이다. 그런데 이 추론은 또한 그 결과 영혼 속에 이루어지는 자극으로 우리는

그저 이런 원의 지각만을 갖게 되고, 우리가 볼록한 형상의 구체를 본다면 촉각의 경험을 통해 이 형상의 관념을 얻었고, 시각을 통해 우리 내부에 어떤 종류의 이미지가 만들어지는지 알게 되므로 우리는 이 이미지의 관계와는 다르게 그 형상을 볼록하다고 판단하는 데 익숙해진 것이라고 전제하는데 이는 그릇된 것 같다. 이 판단은 로크가 바로 뒤에 사용한 표현을 사용해 본다면 "감각 작용의 관념을 변화시켜, 그 자체와는 다른 방식으로 우리에게 그 관념을 제시하는" 것이다.

§ 3. 이 전제들 가운데 로크가 근거도 없이 내세우는 것은 영혼의 감각 작용은 다만 우리 눈 속에 그려진다고 알고 있는 이미지만을 재현한다는 점이다. 내 생각으로는 내가 구체를 볼 때 나는 평평한 원과는 다른 것을 보며, 이 경험은 내가 볼 때 당연히 믿을 만한 것이다. 더욱이 이 철학자가 동원하는 근거들을 거부할 이유는 대단히 많다. 첫째, 로크는 볼록한 물체들이 우리 내부에서 어떤 종류의 이미지를 산출하는지, 물체들이 감각적 형상들의 차이에 따라 빛이 반사하면서 어떤 변화가 일어나는지 안다고 전제한다. 대부분의 사람들이 철학자들과 동일한 방식으로 형상들을 본대도 이런 지식은 갖지 못한다. 둘째, 우리가 이 판단들을 시각 작용에

결부시킬 수는 있지만 로크가 전제하는 것처럼 판단과 시각 작용을 혼동해서는 안 될 것이다. 그런데 그렇게 된다면 우리는 볼 때는 이 방식으로 보면서 판단할 때는 다른 방식으로 판단하게 될 것이다.

내가 부조浮彫를 본다고 하자. 나는 두말할 것 없이 부조란 평평한 표면에 그려진 것임을 안다. 그래서 나는 그것을 만져보았다. 그런데 이런 내용을 알고 반복된 경험을 해보고 내가 내릴 수 있는 모든 판단에도 나는 볼록한 형상을 보는 것이다. 왜 계속 이런 모습을 보게 되는 것일까? 사물들이 내 감각으로 얻게 되는 관념과는 완전히 다른 방식으로 내게 보일 수 있는 힘이 있음에도 이 판단에는 그 사물들과 관념을 일치시킬 수 있는 힘은 없는 것일까? 마찬가지로 우리가 사각형이라고 알고 있고 그렇게 판단하는 건물을 멀리서 볼 때 둥근 모습으로 추론할 수 있는 것이다. 이런 유사한 예는 수도 없이 많다.

§4. 셋째, 로크의 이런 의견을 무너뜨리는 데는 한 가지 근거를 대는 것으로 충분할 것이다. 그것은 우리로 하여금 이런 종류의 판단들을 의식하게끔 하는 일은 불가능하다는 것이다. 우리가 이해하지 못하는 수많은 일들의 근거를 영혼에서 일어나는 것처럼 보이는 것에서 찾아보았자 헛일이다.

내가 다른 곳에서 말한 바에 따라[125] 우리가 그렇게 판단하자마자 그 판단을 고스란히 잊어버릴 수 있음이 사실이다. 그런데 우리가 그런 판단들을 깊이 생각해 볼 때 의식은 대단히 강렬할 것이므로 우리는 그 판단들을 의심할 수 없을 것이다.

§5. 로크의 생각을 그것의 모든 결과를 고려해서 따른다면 그가 형상에 대해서 추론했던 것처럼 거리, 위치, 크기, 연장에 대해서도 추론해야 할 것이다. 그래서 이렇게 말할 수 있을

---

125. "우리의 연구는 간혹 연구 대상이 더욱 단순할수록 그만큼 더 어려워질 때가 있다. 지각이 그 한 예이다. 영혼이 자신이 경험하는 모든 지각을 이해하는지 아닌지 결정하는 것보다 겉으로 보기에 더 쉬워 보이는 것이 무엇인가? 자기 자신에 대해 성찰하기만 하면 되지 않는가? 분명 모든 철학자가 그렇게 했다. 그러나 자기들의 원칙에 사로잡힌 어떤 철학자들은 영혼이 전혀 이해하지 못하는 지각이 영혼에 있다는 점을 받아들여야 했다. 다른 철학자들은 이 의견을 완전히 이해할 수 없는 것으로 생각했음이 분명하다. […] 이 문단에서는 모든 사람이 인정하는 바에 따라 영혼에는 영혼도 모르게 존재하지 않는 지각이 있다는 점에 주목하는 것으로 충분하다. 그런데 영혼에 지식을 제공하고 적어도 영혼 속에서 일어나는 일의 일부를 알려주는 이런 생각을 나는 '의식'이라고 부를 것이다. 로크가 생각하는 것처럼 영혼이 자신이 이해하지 않는 지각을 갖지 않는다면 지각과 의식은 하나이자 동일한 작용으로 간주되어야 한다. 반대로 이와 대립하는 생각이 진실했다면 지각과 의식은 서로 구분되는 두 개의 작용일 것이며, 내가 이미 전제했던 것처럼 우리의 지식이 고유하게 시작되는 곳은 의식이지 지각에서가 아니다"(콩디야크, 『인간지식기원론』, 2과 1장 §4).

것 같다. "우리가 너른 들판을 바라볼 때 우리 정신에 새겨지는 관념은 그런 시각에서는 우리 눈을 자극하는 빛의 다양한 세기의 정도에 따라 음영이 나타나고 다양한 색을 지닌 평평한 표면을 재현하는 것임이 확실하다. 그런데 다양한 위치, 다양한 거리, 다양한 크기, 다양한 너비의 물체들이 보통 우리 내부에 산출하는 이미지의 종류들과 거리, 위치, 크기, 너비의 차이에 따라 빛이 반사될 때 일어나는 변화들을 우리는 관습적으로 익숙히 구분하므로, 우리는 바로 우리에게 그렇게 보이는 것에 우리가 보는 이미지들의 원인 자체를 대체하게 된다. 그것도 우리에게 습관이 붙어 익숙해진 판단 덕분인 것이다. 그래서 시각 작용에, 우리가 시각 작용과 혼동하는 판단을 덧붙이면서 우리는 상이한 위치, 거리, 크기, 너비에 대한 관념을 형성하게 된다. 그렇지만 우리 눈 가장 안쪽에는 음영이 나타나고 다양한 색을 지닌 평면만이 재현되고 있다."

로크의 추론을 이렇게 적용해 보면 우리가 들을 바라볼 때 갖게 되는 위치, 거리, 크기, 너비의 관념들은 구체를 형성하는 다양한 부분들의 지각에서 모두 조그마하다. 그러나 로크는 이 결과들은 받아들이지 않았다. 그의 문제에서 구체와 입방체의 크기가 거의 같아야 한다는 점을 요청하면서 그는 시각은 어떤 판단의 도움도 받지 않고 우리에게 다양한 크기의 관념을 제시할 수 있다는 생각을 강하게 비쳤다. 그런데 이는 모순이다. 형상이 주어지지 않았는데 크기의 관념을 어떻게 가질 수 있을지 이해할 수 없기 때문이다.

§6. 다른 철학자들은 이 결과들을 어렵지 않게 받아들였다. 엄청나게 많은 저작을 쓰는 것으로 유명한 볼테르 씨는 갑자기 눈에 빛을 받게 될 맹인은 위치도, 거리도, 크기도, 형상도 구분할 수 없으리라고 확신했던 버클리 박사의 생각을 언급하고 승인한다.

§7. 볼테르 씨는 이렇게 말한다. "나는 작은 구멍을 통해 아주 멀리서 지붕 위에 자리 잡은 한 사람을 보고 있다. 처음에는 멀기도 하거니와 빛도 세지 않아 그가 정말 사람인지 분간이 되지 않는다. 그 대상은 내게 아주 작게 보이므로 2피에 남짓 크기의 석상이라고 판단한다. 그런데 그 대상이 움직이면 그때 나는 그것이 사람이라고 판단한다. 그 순간부터 그 사람은 내게 보통의 신장身長을 가진 자로 보인다."

§8. 여러분이 원한다면 나는 이 판단과, 그 판단으로 얻은 결과를 승인한다. 그런데 그것으로는 버클리 박사의 견해가 여전히 전혀 증명되지 않는다. 여기에서는 첫 번째 판단에서

그것과 완전히 상이한 두 번째 판단으로 갑작스럽게 이행되었다. 그렇게 되면 대상을 더 큰 주의를 기울여 고정시키고 그 사람을 보통의 신장으로 보게 된다. 이렇듯 강렬한 주의를 기울일 때 두뇌에 아마도 어떤 변화가 생기고, 그로 인해 눈에도 변화가 생긴다. 그 때문에 그 사람의 신장을 약 5피에로 보는 것이다. 그런데 이는 특별한 경우이고, 그때 내려진 판단은 우리가 그 존재를 의식하고 있음을 부정할 수 없는 그런 판단이다. 다들 가정하는 대로 우리가 늘 똑같은 판단을 내렸다면 다른 모든 경우에도 마찬가지가 아니겠는가?

어떤 사람이 나와 고작 4보步 거리에 있다가 8보 거리까지 멀어졌다면 눈 가장 안쪽에 그려지는 이미지는 처음의 절반으로 작아지게 된다. 그런데 나는 왜 계속 그 사람의 신장을 거의 같게 보는 것일까? 그러면 처음에는 당신은 절반이 더 작다고 지각하지만, 한 사람의 관념과 오류 피에 신장의 관념 사이에서 경험을 통해 당신의 두뇌에 이어진 관계에 따라 당신은 갑작스럽게 판단하여 그 정도 신장의 인간을 상상하지 않을 수 없게 되고, 실제로 그 정도 신장으로 보지 않을 수 없게 된다고 대답할 것이다. 인정컨대 바로 이것이 내 자신의 경험으로 확인할 수 없는 것이다. 첫 번째 지각은 대단히 빨리 사라질 수 있을 테니, 그 지각을 판단이 대단히 신속히 대체하여, 주의를 온통 집중한대도 첫 번째 지각에서 판단으로의 이행이 눈에 띄지 않게 되는 것이 아닌가? 더욱이 그 사람이 계속해서 16보, 32보, 64보 식으로 멀어진다고 하자. 그럴 때 그는 내게 조금씩 작아지다가 결국 내가 그를 전혀 볼 수 없게 되는 것일까? 시각으로 얻는 지각이 내가 어떤 사람의 관념과 오류 피에 신장의 관념을 결합한 판단의 결과라면 그 사람은 갑자기 내 눈앞에서 사라지게 되고 말 것이며, 나는 그와 내가 얼마나 떨어져 있든지 그를 계속 동일한 신장으로 볼 것이다. 우리의 경험은 모두 동일한 데도 그 사람의 신장은 다른 이의 눈보다 내 눈에서 더 빨리 줄어드는 것일까? 결국 이 판단이 그 힘을 잃기 시작하는 것이 거리의 어느 지점에서인지 지정해야 한다.

§9. 내가 반박하는 이들은 눈의 감각과 귀의 감각을 비교해서 하나에서 다른 것의 결론을 도출한다. 그들이 말하기를 귀에 자극을 주는 것이 소리이고 우리는 소리를 들을 뿐 그 이상을 듣는 것은 아니라고 한다. 눈은 시선의 자극을 받아 색깔을 볼 뿐 그 이상을 보는 것은 아니라고 한다. 난생처음으로 대포 소리를 들은 사람은 그 대포를 1리외 거리에서 쏘는지 30보 거리에서 쏘는지 판단할 수 없을 것이다. 그와 그 소리의 발원지의 거리를 판단하는 데 익숙하게 만드는 것은 오직 경험뿐이다. 이는 한 대상에서 비롯한

빛줄기들과 관련지어 보아도 정확히 동일한 것으로, 빛줄기들은 그 대상의 위치를 우리에게 전혀 가르쳐주지 않는다.

§ 10. 청각 자체에는 우리에게 거리의 관념을 제시하기 위한 용도가 없다. 심지어 청각에 경험이 더해진다면 청각이 마련하는 거리의 관념은 가장 불완전한 관념이다. 여러 경우에 시각도 대동소이하다. 내가 구멍을 통해 멀리 떨어진 대상을 바라보는데 나와 그 대상을 분리하는 것들을 알지 못한다면 나는 대상과의 거리를 대단히 불완전하게 알 뿐이다. 그때 나는 경험으로 내가 얻은 지식을 기억하고, 그 대상의 보통 크기보다 더 혹은 덜 작게 보임에 따라 나는 그 대상이 더 혹은 덜 멀리 있다고 판단하는 것이다. 그러나 우리가 이 점을 의식하고 있으며, 앞에서처럼 이후에도 우리가 갖는 거리의 지식이 대단히 불완전하다는 점에 주목하자.

나는 창문을 열고 길 끝에 사람이 있음을 알아본다. 내가 아직 어떤 판단도 내리기 전에 나는 그가 나와 멀리 떨어져 있음을 본다. 그 사람에게서 나오는 빛줄기로 내가 그 사람과 나의 거리를 가장 정확히 알게 되는 것이 아니라, 나와 그 사람 사이에 놓인 대상들에서 나오는 빛줄기로 알게 된다는 점이 사실이다. 그래서 이들 대상을 바라볼 때 나와 그 사람과의 거리에 대한 어떤 관념을 당연히 얻게 된다. 내가 그 대상들을 지각할 때마다 거리 관념을 갖지 않기란 불가능하기까지 하다.

§11. 당신의 생각은 틀렸소, 라고들 내게 말할 것이다. 일정 나이에 이른 당신 영혼이 거리, 크기, 위치에 대해 순식간에 내리는 판단은 거의 단일하다시피 한데, 이 때문에 당신이 당신 보는 방식으로 보려면 눈을 크게 뜨기만 하면 된다고 생각하는 것이오. 그러나 그렇지 않소. 다른 감각들의 도움이 필요하오. 당신이 감각으로 시각만 가졌다면 연장을 알 방도는 전혀 없을 것이오.

§12. 그러니 내가 지각하는 것은 무엇인가? 수학적 점인가. 분명 그렇지 않다. 나는 확실히 빛과 색은 볼 것이다. 하지만 빛과 색이 상이한 거리, 상이한 크기, 상이한 위치를 반드시 그려줄 것인가? 나는 앞을 바라보고, 높은 곳을 바라보고, 낮은 곳을 바라보고, 오른쪽을, 왼쪽을 바라본다. 나는 모든 방향으로 퍼져 있는 빛과, 한 점에 집중되어 있지 않는 여러 색을 본다. 그것이면 족하다. 어떤 판단과도 무관하고 다른 감각들의 도움 없이도 모든 크기를 가진 연장의 관념을 나는 거기서 발견하는 것이다.

나는 참으로 기이해 보이기는 하지만 살아 있는 눈[un œil]

animé을 가정해 본다. 버클리 박사는 그 눈으로 색을 띤 빛은 보게 되겠지만 그 눈이 너비, 크기, 거리, 위치, 형상을 지각하지는 못한다고 생각한다. 그러므로 눈은 전 자연이 단지 하나의 수학적 점에 불과하다고 판단하는 습관이 들게 된다. 영혼이 오래전부터 이런 판단을 내리는 습관이 들었을 때 눈과 인간의 신체는 하나로 결합되어 있었다. 분명 이 영혼은 방금 획득한 감각을 사용하기만 하면 크기, 거리, 위치, 형상의 관념을 갖추게 된다고들 할 것이다. 그러나 전혀 그렇지 않다. 영혼이 예부터 언제나 내렸던 습관적이고 갑작스럽고 단일한 판단은 이 새로운 감각 작용의 관념을 바꾸게 될 것이다. 그래서 영혼은 물체들을 접촉하면서 그 물체들이 연장, 위치, 크기, 형상을 갖지 않았다고 확신하게 될 것이다.

§ 13. 신이 시각을 통한 다양한 감각 작용으로 우리를 풍요롭게 하면서 따르는 법칙들을 발견하고들 싶을 것이다. 이 감각 작용으로 우리의 필요 및 우리 존재의 보존에 따라 사물들이 갖는 관계들을 다른 감각들이 알려주는 것 이상으로 잘 알게 될 뿐만 아니라, 세상의 질서, 아름다움, 크기를 훨씬 더 선명하게 알게 된다. 그런 연구가 아무리 중요하다 한들 나는 이를 버리고 다른 연구들을 하겠다. 눈을 떠 보고자 하는 사람들이 빛, 색, 연장, 크기 등을 지각한다는 점에

동의하면 내게는 그것으로 충분하다. 나는 그보다 더 높이 올라가지 않는데 바로 그 점이 내가 명확한 지식을 얻기 시작하는 곳이기 때문이다.

§14. 이번에는 시각을 마련해 준 맹인에게 어떤 일이 벌어지게 될지 검토해 보자.

이 맹인은 물체들을 만질 때 느껴지는 다양한 감각을 성찰하면서 연장 및 크기 등의 관념을 갖게 되었다. 그는 지팡이를 쥐고서는 모든 부분이 똑같은 방향으로 나아간다고 느끼게 될 때 이로부터 직선의 관념을 끌어낸다. 모든 부분이 상이한 방향으로 나아가는 다른 물체를 만져본다. 그 부분들이 계속 이어졌다면 상이한 점들에 도달하게 될 것이다. 이로부터 그는 곡선의 관념을 끌어낸다. 이를 통해 그는 각, 입방체, 구체 및 모든 종류의 형상들로 나아간다. 그가 연장에 대해 갖게 된 관념들의 기원이 이러하다. 그러나 그가 눈을 뜨고 앞을 보게 된 순간 자연에서 빛과 색의 저 훌륭한 조합을 만들어 내는 스펙터클을 즐기게 되리라고 믿어서는 안 된다. 그 맹인이 경험한 새로운 감각에 보물이 숨겨져 있다. 오직 성찰만이 그 보물을 발견할 수 있고 이를 진정으로 향유할 수 있는 것이다. 우리 스스로 대단히 복잡한 그림에 눈을 고정하고 그림 전체를 볼 때 그것으로는 아직 어떤 확정된 관념도 형성되지 않았다. 그 그림을 똑똑히 보려면 그림의 모든 부분을 차례로 모두 살피지 않으면 안 된다. 처음으로 눈을 떠 빛이 쏟아 들어올 때 세상이라는 그림은 정말 대단한 것이다!

이제 이 맹인이 무엇이 자기 눈을 자극하고 있는지 성찰하게 되는 순간으로 넘어가겠다. 확실히 그의 앞의 모든 것이 점과 같지는 않다. 그러므로 그는 길이, 너비, 깊이를 갖춘 연장을 알아보게 된다. 연장을 분석함으로써 그는 평면, 선, 점 및 모든 종류의 형상들의 관념을 갖추게 될 텐데, 이 관념들은 그가 촉각으로 얻은 관념들과 유사할 것이다. 연장이 어떤 감각을 거쳐 우리의 지식에 들어오든 서로 다른 두 방식으로 재현될 수는 없으니 말이다. 내가 원이나 자^{R}를 보거나 만진다고 가정하면 전자의 관념으로부터는 곡선만 나오고, 후자의 관념으로는 직선만이 나오게 된다. 그러므로 이 선천적 맹인은 시각으로써 구체와 입방체를 구분하게 될 텐데 이는 과거 촉각으로 형성했던 것과 동일한 관념을 알아보게 되기 때문이다.

그렇지만 선천적 맹인에게 다음처럼 이의를 제기하면서 판단을 유보하도록 할 수 있을 것이다. 그에게 이런 질문을 던질 수 있으리라. "당신은 시각을 통해 이 물체를 구체로 보고, 다른 것은 입방체로 봅니다. 그런데 전자가 당신이 촉각으로 구체의 관념을 갖게 했던 것과 동일한 것이고, 후자가 당신이 촉각으로 입방체라고 했던 것과 동일한 것이라는 점을 어떤 근거로 확신하십니까? 그 대상들이 촉각으로 가진 형상과 시각으로 가진 형상이 동일하다고 누가 당신에게 말했습니까? 당신 눈에 구체로 보이는 것이 손으로 만졌을 때 입방체가 아니게 되는지 당신은 어떻게 아십니까? 당신이 촉각으로 이것은 입방체이고 저것은 구체라고 인식했던 물체와 동일한 무엇인가가 있다고 누가 당신에게 말할 수 있습니까?" 논거는 난처해지게 될 것이고 나는 이에 답할 수 있는 것은 오직 경험이라고 생각한다. 그러나 그것은 로크의 주장도, 버클리의 주장도 아니다.

§ 15. 나는 작지 않은 난점을 해결할 일이 남았음을 인정한다. 어느 점에서나 내가 방금 확립한 생각과는 반대되는 경험이다. 아래에 볼테르 씨가 언급한 내용을 실었는데, 이는 다른 용어들로 표현되면 의미가 그만 사라지고 말 것이다.

"1729년에 숙련된 솜씨와 그보다 대단할 수 없는 지식의 정신을 겸비한 유명한 외과 의사 체셀든 씨가 한 선천적 맹인이 태어날 때부터 눈에 백내장이라고들 하는 것이 있었다고 짐작하고 이를 제거하면 그에게 시력을 마련해줄 수 있으리라 생각하고 수술을 제안했다. 그 맹인은 선뜻 동의할 수 없었다. 시각이 그가 누리는 즐거움을 훨씬 높여줄 수 있으리라는 점을 확신할 수 없었던 까닭이다. 읽고 쓰는 법을 배울 수 있다는 욕망도 불어넣어 보았지만 그런 걸 선망하지 않았으니 앞을 보고자 하는 욕망도 없었다. […] 어떻건 수술은 성공적으로 이루어졌다. 14세 정도의 나이였던 이 젊은이가 처음으로 빛을 보게 되었다. 그의 경험으로 보았을 때 로크와 버클리가 대단히 정확히 예상했던 모든 것이 확증되었다. 그는 오랫동안 크기, 위치는 물론, 형상조차 구분하지 못했다. 1푸스 길이의 물체를 그의 눈앞에 가져가자, 그는 그 물체가 자기 앞의 집을 완전히 가려버렸으므로 그는 그 물체가 집만큼 크다고 생각했다. 그가 보았던 모든 것은 처음에는 눈^티 위에 있는 것처럼 보였고, 촉각의 대상이 피부에 접촉하듯 눈을 자극했다. 처음에 그는 손을 이용해서 둥글다고 판단했던 것과, 각졌다고 판단했던 것을 구분할 수 없었고, 손으로 감각해서 위나 아래에 있다고 판단했던 것이 실제로 위나 아래에 있는지 분간할 수 없었다. 크기라는 것을 정말 이해할 수 없었으니, 눈으로 자기 집이 방보다 더 크다는 것을 알게 된 뒤에도 시각을 통해 어떻게 그런 생각을 갖게 되는지 이해할 수 없었다. 그림이 입체의 재현임을 알게 되는 데 꼬박 두 달의 경험이 필요했다. 더욱이 자신 안의 새로운 감각으로 오랫동안 시행착오를 반복한 뒤에 그저 표면이 아니라 물체들이 그림에 그려졌음을 느끼게 되었고 그리로 손을 가져다 대었는데 그 그림이 재현하고 있다고 지각하기 시작한 입체를 손으로 만져서는 발견할 수 없었으니 깜짝 놀랐다. 그러고는 촉각이 속이는 것인지 시각이 속이는 것인지 물었다."

§ 16. 빛이 비칠 때 눈 속에서 어떤 일이 벌어지는지에 대한 몇 가지 성찰을 통해 이 경험을 설명할 수 있을 것이다.

우리가 눈의 메커니즘을 속속들이 알기에는 턱없이 모자란다고 해도 각막의 볼록한 정도와, 대상이 반사하는 빛의 양의 많고 적음에 따라 동공이 확장되거나 축소됨으로써 더 적은 양의 빛을 받아들이거나 더 많은 양의 빛을 받아들인다는 점은 알고 있다. 그래서 눈의 방수房水가 담겨 있는 저장소에 연속적으로 상이한 형상들이 나타난다고 추측들을 한다. 수정체가 돌출하거나 물러섬에 따라 빛줄기들이 정확히 망막에 모이게 되며, 망막의 섬세한 섬유들은 놀랄 정도로 다양하게 자극되고 동요되고, 이런 동요가 두뇌에서 훨씬 더 큰 탄성력을 갖고 더욱 섬세한 다른 부분들로 이어지는 것이 확실하다. 마지막으로 눈을 집중시키고자 하는 대상으로 돌리는 데 쓰이는 근육들은 구형의 눈 전체를 압박하고, 이런 압박을 통해 형태가 변하게 된다.

눈과 눈을 이루는 모든 부분이 이런 모든 운동이며, 이런 모든 형상이며, 상상할 수 없이 빠르게 이루어지므로 알지 못하는 수만 가지 변화에 참여해야 할 뿐 아니라, 빠르게 일어나는 이 모든 변화가 완벽한 조화를 이루어야 모든 부분이 동일한 결과를 산출하도록 협력하게 되는 것임이 틀림없다. 예를 들어 각막이 눈을 이루는 다른 부분들의 위치와 형태에 비해 지나치게 볼록하거나 지나치게 볼록하지 않다면 모든 대상이 흐릿해 보이고 좌우가 바뀌어 보일 것이며, "우리 손이 위에 있거나 아래 있다고 느꼈던 것이 실제로 위에 있거나 아래 있는 것인지" 구분할 수 없을 것이다. 눈과는 형태가 다른 렌즈를 사용하면 이 점을 확신할 수 있다.

눈을 이루는 모든 부분이 빛의 작용에 순응하기 위해 대단히 다양하고 신속하게 끊임없이 조정되는 것이라면 그것은 오랜 훈련을 거쳐 눈의 탄성력이 더욱 커지고 더욱 용이해지게 된 만큼만 그럴 수 있다. 백내장 수술을 받은 젊은이의 경우는 이와 같지 않다. 그의 눈은 십사 년 전부터 사용되지도 않으면서 계속 성장하고 유지되었으므로 대상들의 작용에 저항했다. 각막은 다른 부분들의 위치에 비해 지나치게 볼록하거나 지나치게 볼록하지 않았다. 수정체는 움직일 수 없게 되어 빛줄기를 모으는 데 계속해서 각막에 못 미치거나 각막을 넘어서는 실정이다. 위치가 변했다면 수정체가 있었어야 했던 지점에 맞추기 위해서가 아니었다. 시간이 흘러서 아주 군어져 버린 탄성력을 모두 함께 작동시킬 수 있게 되기에는 며칠의 훈련이 필요했다. 바로 이런 이유로 그 젊은이는 두 달 동안 시행착오를 겪어야 했다. 촉각 덕분에 무언가 도움을 받았다면 그것은 사물들에서 자신이 만지면서 갖게 된 관념들을 눈으로 보기 위해 기울였던 훈련이 시각의 감각을 훈련하게 되는 계기가 되었기 때문이다. 그가 손을 더 이상 사용하지 않았다고 전제한다면 그가 눈을 떠서 빛을 받아들일 때마다 시각을 통해 동일한 관념을 획득했으리라는 점은 의심할 수 없이 확실하다. 물론 실제로는 아주 느리게 진행되긴 하겠지만 말이다.

백내장 수술을 끝낸 순간, 이 선천적 맹인을 지켜보았던 사람들은 자기들이 미리 예상했던 생각이 확증되는 것을 볼 기대로 부풀어 있었다. 맹인이 대상들을 대단히 불완전하게 알아보았음을 깨달았을 때 그들은 로크와 버클리가 생각했던 것과는 다른 근거들을 제시할 수 있었으리라고는 짐작도 하지 못했다. 그러므로 눈이 다른 감각들의 도움을 받지 않고서는 연장, 형상, 위치 등의 관념을 우리에게 제공할 수 없으리라는 점이 그들로서는 이미 되돌릴 수 없는 결론이었던 것이다.

분명 이 의견은 많은 독자에게 기이하게 보일 수 있겠지만 그 의견이 제시되었던 것은 한편으로는 모든 것을 설명하고자 하는 우리의 욕망이고, 다른 한편으로는 광학의 법칙들에 결함이 있기 때문이다. 빛줄기가 눈의 가장 안쪽에 형성한 각을 재어본대도 그 빛줄기가 우리가 대상을 보는 방식과 비례를 유지하는지는 모른다. 그렇지만 나는 그것 때문에 누구도 의식할 수 없는 판단에 도움을 구해야 한다고는 생각하지 않았다. 나는 우리 지식을 이루게 되는 자료를 제시하고자 하는 저작에서라면 누구라도 조금만 성찰해 보는 것으로는 스스로 알 수 없고, 의심할 여지가 있는 점은 그 무엇도 확증하지 않겠다는 결심을 반드시 지켜야 한다고 생각했다.

앙투안 루이, 『백과사전』, 〈백내장〉 항목(발췌)

백내장 혹은 일혈溢血(Cataracte, ou Suffusion, 외과학)

고대인들은 이를 눈의 방수房水 속을 돌아다니는 막이나 얇은 막이라고 보았다. 그 막이 눈동자 바로 앞에 자리 잡아서 그리로 빛이 들어오지 못하게 한다. […] 창문을 바라보는 의자에 수술 대상 환자를 약간 비스듬하게 앉히는데, 창문과 환자의 거리는 적절해야 한다. 이는 빛이 환자의 얼굴에 수직으로 떨어지지 않게끔 하려는 것이다. 그렇기 때문에 수술 날짜는 하늘이 맑은 날로 잡는다. 하지만 태양 광선이 환자의 눈을 자극하도록 하지 않도록 주의해야 한다. 외과 의사는 환자보다 약간 더 높은 의자에 앉는데, 이렇게 되면 수술이 편리해진다. 불편한 눈이 하나라면, 불편하지 않은 다른 눈에 여러 번 접은 습포를 붙이고 여기에 붕대를 비스듬히 감는다. 환자 뒤에 보조자가 서서 머리를 자기 가슴 위로 단단히 받친다. 〈도판 7〉의 fig. 4를 보라. 그때 수술 의사는 적절한 바늘을 집고 환자에게 눈을 계속 뜬 상태로 두고 코끝을 보고자 하는 것처럼 그의 눈의 방향을 돌린다. 의사는 환자에게 이 상태로 가능한 눈을 감고 있으라고 부탁한다. 그다음에 수술할 눈이 오른쪽이면 오른손 검지를 눈썹 위에, 엄지는 뺨의 광대뼈에 두고, 이 두 손가락을 벌려 눈꺼풀을 열린 상태로 둔다. 검안경_{檢眼鏡, speculum oculi}이라는 도구를 써서 눈꺼풀을 벌리고 안구를 드러내게끔 하는 의사들도 몇 있다. 수술할 눈이 오른쪽이면 왼손으로, 수술할 눈이 왼쪽이면 오른손으로 보조자가 전달하는 외과의는 왼손으로 바늘을 받고, 글을 쓸 때 펜을 드는 거의 그런 식으로 엄지, 검지, 중지로 바늘허리 중간을 잡는다. 약지와 새끼손가락은 관자놀이를 눌러서 손이 떨리는 것을 막고, 대담하게 각이 작은 쪽의 안구를 찌르는데, 그곳은 홍채_{虹彩} 바깥쪽 원에서 2리뉴^{약 2mm} 거리에 떨어지고, 한 각에서 다른 각으로 늘여졌다고 생각할 수 있을 선 위이다. 〈도판 7〉의 fig. 4, 5를 보라. 의사는 결막, 눈자위, 포도막을 찌른다. 포도막을 찌를 때 관자놀이 쪽으로 바늘허리를 약간 뉘고, 바늘 끝은 백내장 위쪽 부분을 향하도록 천천히 밀어 넣는다. 약간 눈 아래

Pl. XXIV.

Fig. 1. *Fig. 2.*

Fig. 3.

Fig. 4.

Fig. 5.

Chirurgie.

〈도판 7〉 왼쪽 위부터 fig. 1, 2, 3, 4, 5.

쪽을 누르면서 백내장을 떨어뜨리면서 그것이 차지하고 있던 자리에서 벗겨내서, 동공 아래쪽으로 보낸다. 거미발 주위에 유착이 생기면 백내장이 떨어지지 않게 막고 있는 낭의 막을 이루는 부분들을 바늘 끝으로 잘라낸다. 백내장이 떨어지면 외과 의사는 잠시 동안 그 상태로 두고, 다음에 바늘 끝을 거둔다. 백내장이 떨어진 상태라면 수술은 다 된 것이다. 백내장이 다시 올라오거나 딸려 오면 윗부분을 누르고, 먼젓번보다 약간 더 아래로 떨어뜨린 뒤, 그런 식으로 잠시 둔 뒤, 다시 바늘 끝을 거둔다. 백내장이 그래도 다시 올라올 때 몇몇 의사들은 이를 찌르고 바늘을 빙빙 돌려서 굴러떨어지게 하고 이를 눈구멍 내부의 바깥쪽으로 치우는데, 이 경우 바늘허리의 위치를 신중히 높이면서 바늘을 거둔다.

수술이 끝나면 눈꺼풀을 감기고, 여러 번 접은 습포를 눈 전체에 붙인다. 습포는 장미수, 파초수芭蕉水, 계란 흰자를 섞어 휘저어 만든 안약에 담근 것이다. 불편한 눈과 마찬가지로 건강한 눈에도 붕대를 감는데, 눈의 움직임은 상호적이라, 건강한 눈이 활동하면서 불편한 눈에 피로를 줄 수 있기 때문이다. […]

환자에게 염증이 생기면 사혈을 한다. 염증이 생기지 않도록 항상 신중을 기해야 한다. 이 처치에는 많은 어려움이 따른다. 이 어려움들을 극복하려면 의학 대가들의 책을 읽으며 익혀서, 수술 시 이를 따라야 한다. 성공 여부는 빛의 자극에 노출시킬 때 얼마나 신중한가에 달렸다. 환갑이 된 한 여인은 여섯 살 때부터 맹인으로 살아왔는데 나를 찾아와서 눈을 좀 봐달라고 했다. 나는 백내장 두 개를 발견했고, 두 눈을 차례로 수술하여 성공했다. 사고는 일어나지 않았다. 나는 수술 후 열흘이 되는 날 그녀에게 아침에 한 시간, 저녁에 한 시간 눈을 뜨고 있으라고 했다. 나는 그녀에게 한 단계 한 단계씩 점차적으로만 눈을 쓰게 했다. 그녀는 눈이 보이게 된 데 만족하여 내 의견을 무시했다. 수술 시 있었던 파리의 여러 외과 의사들이 검안하고 대단히 칭찬하며 경과를 판단하고 열일곱째 날, 그녀는 눈을 피곤하게 많이 썼으며 점심 식사 후 강한 빛에 비친 어떤 이를 바라보면서 도로 맹인이 되었다. 눈이 어느 정도 강하고 약한 빛에 노출되었을 때 수축과 확장이 잘 되었던 홍채가 이제는 움직이지 않고 대단히 확장되었다. 이렇게 확장되자 한쪽 눈에 눈동자 원의 안쪽 부분에서 백내장의 일부가 삐져나와 나타나게 되었다.

백내장 수술을 받은 사람은 캄캄한 동굴에서 갑자기 나온 사람들을 닮아서, 밝은 빛을 받으면 견딜 수 없다. 시각이 빛을 수용할 수 있도록 눈에 띄지 않게 점진적인 단계를 밟도록 준비시켜야 한다. 이런 배려가 없으면 감각기관을

완전히 망가뜨릴 위험이 있다. (Y)

옮긴이 해제

    본 번역은 드니 디드로의 『눈이 보이는 사람들을 위한 맹인에 대한 편지』를 완역한 것이다. 번역의 주 대본으로는 Diderot, *Lettre sur les aveugles*, dans *Œuvres complètes*, éd. H. Dieckemann, J. Proust, J. Varloot, t. IV, Paris, Hermann, 1978을 이용했고, Diderot, *Œuvres philosophiques*, éd. Michel Delon, Bibliothèque de la Pléiade, Paris, Gallimard, 2010과, Diderot, *Lettre sur les aveugles et Lettre sur les sourds et muets*, éd. Marian Hobson et Simon Harvey, GF Flammarion, 2000을 함께 보았다. 이 세 판본에서 필요한 주석을 번역했는데 DPV 판에서 가져온 것은 로버트 니클라우스Robert Niklaus의 것으로 괄호 안에 N을 넣어 표기했고, 들롱 판에서 가져온 것은 괄호 안에 D를, GF Flammarion 판에서 가져온 것은 괄호 안에 GF를

넣어 구분했다. 아무런 표기가 없는 주석은 역자의 것이다.

   * 디드로는 1749년에 『맹인에 대한 편지』를, 1753년에 『농아에 대한 편지』를 내놓는데, 사실 이 계몽의 시대le siècle des Lumières에 빛을 보지 못하는 맹인의 문제와 웅변을 할 수 없는 농아의 문제는 특별한 의미를 가질 수밖에 없으며, 또한 맹인과 농아의 학습 문제는 18세기 내내 논의되고 발전된 중요한 철학적이고 교육적인 주제였다. 특히 디드로에 앞서 라 메트리는 1745년 필명으로 발표한 『영혼의 자연사 L'Histoire naturelle de l'âme』의 마지막 장에서 체셀든의 맹인 사례와 농아에게 말하는 법을 가르친 암만의 교육 방식을 상세히 언급하고 있는데, 특히 라 메트리는 체셀든의 맹인 사례를 거론하면서 "약삭빠른 신학자들이 인간 본성에서 최초의 감각보다 선행하는 판단을 발견하고자 기대"하면서 백내장 수술 후 처음으로 눈으로 보게 된 사람을 "재촉하여 그가 말해주었으면 했던 것을 그에게 말하도록 시켰다"[126]고 비판하고 있다. 이 내용은 디드로의 『맹인에 대한 편지』의 도입부

* * *

* 이하의 내용은 이충훈, 「감각론과 유물론 사이의 디드로」, 비교문화연구 70집, 2023. 10, 339~371쪽의 내용을 요약·발췌한 것이다.

126. La Mettrie, *Œuvres philosophiques*, t. I, éd. Francine Markozwitz, Paris, Fayard, 1987, p. 228.

와 정확히 공명한다. 한 선천적 맹인의 수술을 주재한 레오뮈르로부터 초대를 받지 못한 디드로는 세심한 질문을 통해 이제 막 시력을 회복한 맹인에게 질문할 기회를 놓치게 되자 "레오뮈르 씨가 믿을 수 없는 사람들 앞에서나 베일을 벗길 생각"이었다고 아쉬워한다. 디드로에 따르면 레오뮈르 씨는 자신이 선별한 제한된 청중 앞에서 맹인에게 자신이 원하는 대답을 유도하여 "그 실험을 최대한 활용할 것"이었기 때문이다.

시모노의 맹인 딸에게 질문할 기회를 얻지 못한 디드로는 대신 퓌조의 선천적 맹인을 직접 찾아가 그를 관찰과 연구의 대상으로 삼는다. 퓌조의 맹인은 "꽤 양식良識을 갖춘 자로 […] 화학 공부를 좀 했고, 왕립식물원에서 열린 식물학 강의도 썩 괜찮게 따라갔던"(11쪽) 인물로 제시된다. 디드로는 직접 맹인에게 여러 질문을 던지면서 그의 놀라운 답변을 기록하는데 그중 아름다움, 거울, 눈目에 대한 답변에 주목한다.

디드로는 먼저 퓌조의 맹인이 질서ordre에 대한 관념을 가지고 있음을 보여준다. 사람들이 잠든 밤에 "낮 동안 사람들이 어질렀던 것을 제자리에 놓는 일"로 하루를 시작하는 맹인은 "물건들이 제자리에 놓이지 않으면 이를 찾는 데 어려움을 느끼"므로 "질서의 친구ami de l'ordre"(12쪽)가 될 수밖에 없다. 그리고 바로 뒤에 맹인이 눈이 보이는 사람들보다 대칭을 식별하는 능력이 뛰어나다는 점을 강조하면서 아름다움의 문제로 넘어간다. 맹인은 "전체가 아름답다면 그 전체를 구성하는 부분들이 어떻게 배치되어야 하는지 촉각으로 연구했으니, 이 아름다움이라는 용어를 정확하게 적용하게" 된다.(13쪽) 대칭은 비례와 균형과 더불어 판단의 대상이 질서를 갖추고 있음에 대한 지각으로, 이러한 지각이 미적 판단의 기초가 되는 것이니, 이런 점에서 맹인 이상으로 대칭 및 질서라는 미적 속성을 완벽하게 지각할 수 있는 이가 없다. 그렇지만 맹인은 당연하게도 눈이 보이는 사람들의 미적 즐거움을 직접 느낄 수는 없는데, 아름다움에 대한 맹인의 생각은 "그저 눈이 보이는 사람들의 판단을 되읊는 것일 뿐"(14쪽)이기 때문이다.

    그렇지만 디드로는 맹인이 아름다움의 경험을 자신의 방식으로 설명할 수 있었던 것처럼 다른 시각 경험들도 촉각의 도움으로 이해할 수 있다는 점을 놓치지 않았다. 퓌조의 맹인은 거울을 "사물들이 멀리 떨어져 있어도 그것과 적절한 위치에만 있다면 그 사물들을 입체적으로 만드는 기계"(18쪽)로 정의하는데, 디드로는 즉시 "데카르트가 맹인이었다면 만족했을 정의"라고 거들고 있다. 이 정의는 사실 이중적인 의미가 있다. 첫째, 맹인의 지식은 오직 촉각에서 나오므로,

입체감을 갖지 못한 2차원적인 이미지나 도형은 당연히 지각의 대상이 될 수 없다. 맹인에게 존재란 만져질 수 있는 것, 즉 입체감의 지각을 요구한다. 둘째, 거울에 대한 퓌조의 맹인의 부정확한 정의는 아름다움에 대한 맹인의 정의처럼 결국 그의 시각 결여가 촉각 및 다른 감각을 통해 완전히 보충될 수 없다는 것이다. 후자의 경우가 감각들의 상호 환원 불가능성을 내세운 로크와 버클리의 입장이라면, 전자의 경우는 한 감각 경험을 유추의 방법을 통해 다른 감각 경험으로 번역할 수 있는 가능성을 개진하는 사례로, 다시 말하자면 데카르트 시각 이론을 옹호하고 있다고 볼 수 있다. 데카르트는 우리의 감각 경험이 상이할지라도 이들 모두에 대응하는 일종의 공통감각sensorium commun이 존재한다고 가정하기 때문이다. 그러므로 디드로가 거울에 대한 맹인의 정의를 "데카르트가 만족했을" 것이라고 말한 것은 바로 이 점을 지적한 것이고, 이 내용은 데카르트의 『굴절광학』에서 찾아볼 수 있다.

[…] 여러분은 분명 간혹 횃불 없이 밤길을 걷다가 다소 험한 장소를 거치는 일이 있었을 텐데 그때 지팡이의 도움을 받아 길을 갔을 것이다. […] 맹인으로 태어나서 평생 지팡이를 사용했던 사람들에게서 이런 유의 감각을 고려해 보시라.

그러면 여러분은 그 감각을 대단히 완벽하고 대단히 정확하게 느끼게 되어 '그들은 손으로 본다'라거나, 지팡이가 그들의 시각의 결함을 메워주었던 육감의 감각기관이라고까지 말할 수 있을 것이다.(168쪽)

데카르트는 선천적 맹인이 두 개의 지팡이를 교차시켜 마주치는 외부의 대상들을 더듬는 행위를 통해 자기 앞의 대상들을 자신의 방식으로 촉지하고, 이 경험으로 획득한 지식을 통해 판단하게 된다고 설명한다. 다시 말하면 촉각을 통해 일시적으로든 항구적으로든 사용이 제한된 시각 작용이 '완전히' 대체 가능하다는 주장이다. 지팡이 하나가 대상에 접촉하면서 발생시킨 자극이 그가 함께 들고 있는 다른 지팡이로 이전되므로, 서로 교차하여 외부 대상을 촉지하고, 그 자극을 지각하는 두 지팡이는 여전히 대상과 감각기관 사이의 기하학적 관계를 전제한다. 데카르트는 빛을 매개로 외부 대상이 우리 눈 가장 안쪽에 자리 잡은 망막에 2차원적으로 이미지를 투사하는 과정을 교차된 두 개의 지팡이의 이미지로 나타냈다. 그러므로 데카르트의 맹인이 든 지팡이는 외부에서 만나는 대상이, 공기 혹은 투명한 물질을 가로질러 전파되는 빛을 매개로 감각기관에 전달되어 지각되는 과정을 보여주는 정확한 비유이다.

그런 의미에서 데카르트가 선천적 맹인들이 '손으로 본다'라고 지적한 것은 단순한 비유로 축소될 수 없다. 신체와 영혼을 엄밀하게 구분하는 데카르트는 시각 작용의 두 단계를 구분하고 있으며, 외부 대상의 이미지가 우리 눈 가장 깊은 곳인 망막에 맺힐 때, 이 시각 작용은 완전히 기계적인 것으로 시각기관은 그 대상의 이미지를 수용하기는 하지만, 그것과 실제 대상의 입체적인 이미지에는 공통점이 전혀 없다. 데카르트는 시각기관에 들어온 대상의 이미지를 지각하고 판단하는 능력을 감각기관이 아니라 영혼에 부여한다. 망막에 그려진 입체감을 상실한 평면적인 이미지는 지각 주체의 인지적인 활동을 통해서만 지식의 대상이 된다. 데카르트가 이해하는 시각 작용에는 외부 대상의 이미지가 동공을 통해 망막에 수용되도록 하는 물질적인 눈目 외에도, 그 이미지를 알아차리고, 판단하고, 재구성하는 다른 눈이 있는 것이다. 파올로 퀸틸리의 표현에 의하면 이는 "두뇌 속의 다른 눈"[127]이라고 할 수 있다.

그러므로 데카르트에게 시각 작용은 신체적이고 정신적인 두 과정의 결합을 전제한다. 또한 이렇게 외부 대상의 이미지를 받아들이는 신체적인 시각 작용은 망막에 투사된 이미지

127. Paolo Quintili, *La Pensée critique de Diderot. Matérialisme, science et poésie à l'âge de l'Encyclopédie(1742~1782)*. Paris, Honoré Champion, 2001, p. 212.

의 기계적인 자극에 불과하므로 결국 우리는 빛과 시각기관의 유무와는 무관하게 이 단계의 시각 작용에서 외부 대상을 볼 수 없다고 말해야 한다. 그러므로 데카르트에게 '본다'는 행위는 신체의 감각기관에 투사된 이미지의 차원에서 이루어지는 것이 아니라, 이렇게 획득된 감각 정보가 두뇌에서 해석되는 과정에 다름 아니다. 인간이 대상과 실제적으로 아무런 공통점을 갖지 않는 인위적이고 자의적인 기호를 사용하여 관념을 전달하고 교환하는 것을 관습적인 설정in-stitution conventionnelle이라고 한다면, 이와 같은 방식으로 자연 혹은 신이 우리의 두뇌와 그 속에 자리를 둔 영혼이 외부 대상을 일종의 기호의 교환과 해독의 방식으로 이해할 수 있게끔 마련했다고 보며, 이를 자연의 설정institution naturelle이라고 했다.

　그러나 데카르트의 본유관념을 형이상학에서 제거하고자 하는 로크는 감각 작용의 기하학적 해석을 전제한 데카르트의 자연의 설정 가설을 받아들일 수 없다. 여기가 로크가 소위 몰리뉴의 문제를 언급하면서 자신의 경험론 체계를 확신하는 곳이다. 아일랜드 철학자인 몰리뉴는 1693년 3월 2일에 로크에게 보낸 편지에서 선천적 맹인으로 태어난 한 성인이 촉각으로 정육면체와 구체를 구분하는 법을 배웠다면 이 맹인이 시력을 회복했을 때 촉각 대신 그가 새로 얻게 된 시각만을 사용하여 이 두 도형을 구분할 수 있는가의 문제를 제기한 뒤, 자신은 구분할 수 없다는 의견이라고 주장했다. 로크 역시 몰리뉴의 결론에 동의하면서 맹인이 촉각으로는 무엇이 구체이고 무엇이 정육면체인지 구분하고 말할 수 있다고 해도 시각을 통한 감각 경험이 없었으므로 처음 보게 되었을 때 이들을 확실히 구분할 수 없다고 말했다.

몰리뉴와 로크의 결론은 버클리에 의해 한층 구체화된다. 데카르트와 더욱 확실한 거리를 취하는 버클리는 각각의 감각기관을 통해 들어오는 관념들은 서로 근본적으로 다르다고 단언한다. 그리고 한 걸음 더 나아가 로크가 인정한 시각을 통해 공간, 모양, 운동 관념의 습득 가능성을 부정하기에 이른다. 버클리에 따르면 공간이나 거리는 시각 대상으로 볼 수 없고, 순수한 지각 대상은 여러 색조와 편차를 지닌 빛과 색깔뿐이다. 그러면서 버클리는 이 자리에 몰리뉴의 문제를 다시 끌어온다. 그는 선천적 맹인은 처음으로 눈을 사용할 때 그가 촉각 관념에 항상 붙여온 이름으로 자신이 본 것을 명명하지 못할 것으로 생각한다. 예를 들어 정육면체, 구, 탁자는 그가 촉각으로 지각할 수 있는 사물에 적용된다는 점을 알았던 단어들이지만 그는 그 단어들이 전혀 촉각적이지 않은 사물에 적용된다는 것은 알지 못했으므로 시각을 처음으로 사용하게 되었을 때 맹인은 촉각으로 배워 대상에 붙였던 이름을 적용할 수 없을 것이기 때문이다.

　한편 로크와 버클리를 비판적으로 계승한 콩디야크는 자신의 첫 저작 『인간지식기원론』의 1부 마지막 부분을 고스란히 몰리뉴에게 할애하여 이들 영국 형이상학자의 오류를 바로잡고자 했다. 콩디야크는 이 부분을 "시각 현상을 설명할 목적으로 우리가 어떤 판단을 내릴 때 우리가 판단을 내린다는 사실을 전혀 의식하지 못한다고 가정"(189쪽)한 철학자들을 비판하는 것으로 시작하는데, 이 철학자들이 바로 로크와 버클리이다. 물론 콩디야크 역시 로크를 따라 시각을 회복한 선천적 맹인이 처음으로 물체를 보게 되었다면 "음영진 평평한 원의 관념"밖에 얻지 못할 것임을 인정한다. 그러나 콩디야크에 따르면 이렇게 추론하면서 로크는 "판단과 시각 작용을 혼동"했다. 로크에 따르면 우리는 "볼 때는 이 방식으로 보면서 판단할 때는 다른 방식으로 판단"(193쪽)한다고밖에 말할 수 없기 때문이다. 로크와 버클리의 경험론을 비판적으로 발전시키고자 하는 콩디야크는 그들이 우리의 감각기관이 외부 대상을 실제와는 다르게 수용하지만 영혼은 이를 뚜렷이 알아차릴 수 없고, 그 결과 우리가 전혀 의식하지 않는 방식으로 이를 교정하여 판단한다고 주장한다면 이는 모든 지식의 근원을 감각 작용에서 찾는 경험론의 근본 입장과 모순된다.

  이제 디드로가 몰리뉴의 문제를『맹인에 대한 편지』후반
부에 도입하는 이유는 무엇이며, 그가 이 문제를 앞에 언급한
형이상학자들과 어떻게 다른 방식으로 해결하려고 하는지
살펴보자. 디드로는 손더슨의『대수학 기초』를 읽고 이를
높이 평가한 뒤, 이 영국 맹인 기하학자가『기하학의 기초』
같은 책을 쓰지 않았음을 아쉬워한다. "책을 썼다면 점, 선,
면, 입체, 각, 선과 면의 교차 등의 정의"(78쪽)가 나올 텐데,
디드로는 "손더슨이 그 정의들을 내릴 때 대단히 추상적인
형이상학의 원칙들을 적용했을 것"으로 본다. 손더슨이 그런
작업을 수행했다면 마치 퓌조의 맹인이 아름다움, 질서, 거울,
눈에 대해 눈이 보이는 사람들과는 아주 다른 방식으로 시각
대상을 정의할 수 있었던 것처럼 사물의 존재와 본성을 더
잘 이해할 수 있는 유용한 지식을 제공할 수 있었을지 모른다.
그런데 바로 뒤에 디드로는 "그 형이상학은 관념론자들의
형이상학과 대단히 유사할 것"이라는 의견을 덧붙인다. 여기
서 디드로가 말하는 관념론자란 "자기 존재와 자기 내부에서
계속 이어지는 감각 작용만을 의식하고 다른 것은 인정하지
않는 철학자"로서 "그들의 체계는 인간 정신과 철학에는
수치스러운 일이지만 그들의 체계보다 더 터무니없는 것이

없음에도 논박하기는 가장 어려운 체계"(78쪽)이다. 디드로
는 대표적인 관념론자로 버클리를 꼽는데, 콜라 뒤플로에
따르면 이는 "모든 지식의 두 원천을 감각 작용과 성찰"로
보는 이 관념론자가 "우리는 감각 작용으로 우리 자신의
외부로 접근할 수 없으며, 그것은 이 감각 작용을 느끼는
것은 언제나 나이기 때문"[128]임을 주장하기 때문이다. 이
주장은 하일루스와 필로누스라는 두 명의 철학자의 대화로
구성된 『세 개의 대화』 중 첫 번째 대화 내용의 요약으로,
여기서 버클리는 자기 철학의 대변인 역할을 하는 필로누스
의 말을 빌려 "정신이 아니라면 관념들이 존재할 수 없는
실체란 없고 [⋯], 즉각적으로 지각된 대상은 관념이고 [⋯],
감각적 특질은 즉각적으로 지각된 대상"[129]임이 확실하다고
주장하면서, 그를 회의주의자로 간주하는 하일루스의 논변
을 반박하고 결국 그를 설득한다. 디드로가 관념주의를 그것
의 "체계보다 더 터무니없는 것이 없음에도 논박하기는 가장
어려운 체계"(78쪽)로 비판한다면, 그 체계가 외부 대상의
실재를 부정하면서 우리가 획득한 모든 관념을 결국 감각
작용에 제시된 정보들의 성찰로 축소하고 있기 때문이다.

· ·

128. Colas Duflo, *Diderot, philosophe*, Paris, Honoré Champion, 2003, p. 93.
129. George Berkeley, *Œuvres choisies de Berkeley*, Paris, Félix Alcan, 1895, pp.
240~241.

예를 들어 버클리는 자신이 "순수지성 및 미덕, 이성, 신, 그리고 이와 유사한 순수지성의 정신적인 대상들의 본성"을 통해 "추상적인 관념들을 형성할 수 없다"[130]고 단언한다. 바로 이런 점에서 디드로는 버클리 유의 관념론이 우리가 어떤 지식을 갖지만, 그것이 우리 외부에 존재한다고 확신할 수 없다는 점에서 "맹인들만이 창시할 수 있다"(78쪽)고 보는 것이다.

그런데 디드로가 이 자리에서 관념론자들의 체계를 비판하고 있다면 단지 버클리의 극단적인 주관주의를 논외로 두기 위해서가 아니라, 버클리의 체계의 원리가 자신의 친구였던 콩디야크의 저작 『인간지식기원론』에서 제시된 원리와 이상하리만큼 "정확히 동일"하다는 점을 지적하기 위해서이다. 여기서 디드로는 콩디야크 저작의 첫머리에 등장하는 "우리는 하늘까지 드높여지든 심연 속까지 내려가든 우리 자신을 절대 벗어날 수 없"고, "우리가 지각하는 것은 그저 우리 자신의 사유뿐"이라는 언급을 인용한다. 디드로는 이곳에서 로크의 두 비판적 계승자인 버클리와 콩디야크의 체계가 적대적이라고 할 만큼 상이한 반면, 그들의 논의를 뒷받침하고 있는 근본 원리는 오히려 관념론이라는 점에서 동일하

• •

130. *Ibid.*, p. 167.

다는 점을 부각한다. 앙드레 샤라크의 지적대로 콩디야크는 오직 "정신에 나타나는 관념과 감정들만을 고려"[131]하고 있기 때문이다. 결국 디드로는 콩디야크 체계의 이념이 일견 로크의 입장을 다른 한쪽으로 극단화하는 것처럼 보이는 관념론자 버클리의 체계의 이념과 같은 토대에 있다고 보는 것이다.

위의 논의는 디드로가 『맹인에 대한 편지』의 마지막 부분을 몰리뉴의 문제의 재해석에 할애한 까닭을 이해하게 해 준다. 감각들 사이의 이질성을 강조했던 몰리뉴, 로크, 버클리, 그리고 버클리를 긍정적으로 해석한 볼테르 등은 성인이 된 선천적 맹인이 시력을 회복한다면 촉각의 도움 없이 그가 이전에 촉각으로 관념을 얻었던 구체와 입방체를 구분할 수 있는가를 물었던 몰리뉴의 문제에 "구분할 수 없다"는 입장을 밝혔고, 콩디야크는 이 문제에 대한 로크와 버클리의 추론을 비판하면서 동일한 문제에 "구분할 수 있다"고 했으며, 이런 콩디야크의 입장은 데카르트 시각 이론의 유물론적 성격을 부각한 라 메트리와 뷔퐁을 따르고 있다고 하겠다.

이 자리에서 디드로는 몰리뉴의 문제를 도입하면서 "몰리뉴 씨, 로크 씨, 콩디야크 신부와 같은 이들이 이 문제를 다룬 뒤, 더 이상 논의할 수 없게 된 것처럼 보였지만 같은

---

131. André Charrak, *Empirisme et métaphysique. L'Essai sur l'origine des connaissances humaines de Condillac*, Paris, J. Vrin, 2003, p. 18.

문제라도 수많은 측면을 갖는 것이니 이분들이 모든 측면을 전부 검토한 것은 아니라고 해도 놀랄 일이 아냐'(111쪽)라고 쓰면서 논의를 재해석할 필요가 있다고 주장한다. 요컨대 디드로는 몰리뉴의 문제를 단지 긍정이나 부정으로 단정할 수 없다는 유보적인 입장이다.

　　선천적 맹인의 문제를 몰리뉴 씨가 제시했던 것보다 조금 더 일반적으로 취해본다면 이 문제는 두 가지 문제를 한데 포함하고 있습니다. 우리는 이를 분리해서 살펴봐야겠습니다. 1. 선천적 맹인은 백내장 수술이 끝나자마자 바로 볼 수 있는가. 2. 맹인이 보게 된다면 형상들을 충분히 구분할 수 있을 정도로 뚜렷이 볼 수 있는가, 촉각을 통해 붙였던 것과 같은 이름을 눈으로 볼 때 확신을 갖고 붙일 수 있을 것인가, 또 그렇게 붙인 이름이 타당하다는 것을 논증할 수 있는가.(116쪽)

　　문제의 관건은 몰리뉴가 백내장 수술로 선천적 맹인이 실제로 시력을 회복할 수 있으리라는 점을 가정하지 못했다는 데 있다. 그러나 18세기에 여러 안과 의사들이 이 수술을 성공시켰으므로 몰리뉴의 문제의 양상도 당연히 달라진다. 특히 영국 의사 체셀든이 집도한 수술의 내용과 경과가 『철학회보』에 발표되면서 이 문제를 자신의 논의에 포함시킨 버클리 이후의 저자들은 몰리뉴의 문제와 체셀든의 맹인의 사례가 더는 분리 불가능하다고 보게 된다. 체셀든의 보고에 따르면 그의 맹인은 수술 이후에도 상당 기간 동안 되찾은 시각을 이용할 수 없었기 때문이다. 로크의 지지자들은 체셀든의 맹인의 사례가 상이한 감각의 환원 불가능성을 주장한 그들의 가설을 의학적으로 뒷받침했다고 보았다.

반면 의사로서의 자기 경험에 비추어 버클리의 입장을 받아들일 수 없었던 라 메트리는 체셀든이 보고한 맹인의 사례를 의심하고 있다. 그는 "동요된 굴절광학의 기관이 그 원래의 위치를 회복할 시간을 주지 않았거나, 아니면 비로소 처음으로 보게 된 이 사람을 재촉하여 그가 말해주면 좋을 것을 그에게 말하도록 시켰거나" 진실은 이 둘 중 하나라고 생각한다. 데카르트의 시각 이론의 유물론적 측면을 수용하고 있는 라 메트리는 수술을 통해 시각을 회복한 선천적 맹인이 '바로' 볼 수 있는가를 물었던 몰리뉴의 문제를 언급하며, 체셀든의 맹인의 사례는 로크와 버클리의 입장을 지지해주는 것이 아니라 오히려 비판하는 것이라고 보고 있다. 로크와 버클리가 "바로 볼 수 없다"고 말했을 때, 이의 근거는 시각과 촉각의 이질성과 환원 불가능성 때문이지 생리학적인 문제가 전혀 아니었기 때문이다. 이 점은 이후 출판된 콩디야크의 『인간지식기원론』에 다시 수용된다. 콩디야크는 백내장 수술을 받은 선천적 맹인이 겪은 두 달의 시행착오의 원인을 시각기관의 해부학과 생리학을 바탕으로, 시각 작용의 메커니즘이 정상적으로 적응하기 위해서는 일정한 시간이 필요했기 때문이라고 설명한다.

따라서 라 메트리와 콩디야크는 시력을 회복한 선천적 맹인이 '바로 볼 수 있는가'를 물은 몰리뉴의 문제가 사실 그 자체로 잘못 제기된 것이라고 판단한다. 수술 직후 맹인은 당연히 즉각 '볼 수 없다.' 그러나 로크와 버클리의 추론과는 달리 그것의 원인은 감각기관의 생리학에서 찾아야 한다. 여기가 디드로가 라 메트리와 콩디야크의 입장을 수용하는 부분이다. 수술을 마친 맹인은 "눈의 체액이 적절히 배치되고, 각막이 시각 작용에 적응하는 데 필요한 볼록한 모양을 갖고, 눈동자가 알맞게 확대되고 수축하게 되고, 망막 섬유가 빛의 작용에 지나치게 민감하지도 지나치게 무감각하지도 않게 되고, 수정체의 작용이라고들 보는 전후 운동에 훈련되고, 근육이 제 기능을 올바로 수행할 수 있게 되고, 신경이 감각 작용을 전달하는 데 익숙해지고, 안구 전체가 필요한 모든 배치를 갖추게 되고, 안구를 이루는 모든 구성 부분이 그 작은 이미지를 만들기 위해 참여하는 데 필요한 만큼 시간이 걸릴 것"(127쪽)이다. 그러므로 이런 문제를 진지하게 고려하지 않은 채 섣불리 몰리뉴와 로크의 답변이 옳았느냐 그렇지 않으냐를 정하는 것으로는 우리는 아무런 지식도 얻을 수 없다.

생리학의 문제 뒤에, 디드로가 제시하는 두 번째 문제는 사실 연속적으로 이어지는 세 가지 문제를 종합한 것이다. 글라우저는 "비록 디드로가 몰리뉴의 문제를 두 가지 부분으로 구분하고 있지만 […] 오히려 이를 다음의 네 가지 부분으로 구분하는 것이 적합하다. 생리학적 상태에 관한 것이 첫 번째 부분이고, [형상들을] 분별할 수 있는지가 두 번째 부분이고, 이를 명명할 수 있는지가 세 번째 부분이고, 마지막 네 번째는 [이때] 맹인이 객관적인 확실성을 통해 답변하는 것인지, 즉 그의 답변이 정당성을 얻을 수 있을지에 관한 것"[132]이라고 썼다. 만일 첫 번째 부분인 수술 및 처치가 잘 이루어져서 선천적 맹인이 시각을 이용할 수 있게 되었다면, 그다음으로는 맹인이 그의 감각기관에 들어온 형상들을 분별하고discerner, 명명하고nommer, 그 적합성을 논증démontrer 할 수 있는 능력이 있는지 관찰해 보아야 할 차례이다. 요컨대 맹인이 촉각으로 얻은 구체와 입방체, 혹은 원과 정사각형의 지식이 새로 보게 된 눈을 통해 동일성을 확보할 수 있는가,

• •

132. Richard Glauser, "Diderot et le problème de Molyneux", *Les Etudes philosophiques*, n° 3, 1999. p. 399.

촉각으로 얻은 관념과 이제 시각으로 얻은 관념의 동일성을 확보했다면 이 둘을 같은 단어 혹은 기호로 부르거나 제시할 수 있는가, 마지막으로 맹인은 촉각으로 얻은 관념과 시각으로 얻은 관념이 동일하고, 이를 같은 단어로 지시할 수 있음을 의심의 여지 없이 확신할 수 있는가의 순서로 연구가 진행되어야 한다. 수술의 경과가 모든 환자에게 동일하지 않듯이, 회복된 시각을 통한 일련의 지식 습득 과정의 조건 역시 모든 사람에게 동일하지 않다는 점을 인정해야 한다.

바로 이것이 디드로가 『맹인에 대한 편지』에 여러 맹인들의 답변을 수집하고, 시각 작용을 주제로 동시대 여러 형이상학자들의 추론을 끌어들인 이유이다. 먼저 디드로는 이 저작 초반에 레오뮈르가 주도한 백내장 제거 수술 이후 그 경과의 발표를 듣도록 초대된 "믿을 수 없는 사람들"(9쪽)을 언급했다. 이들은 체셀든의 맹인처럼 추론의 능력을 갖추지 못했으므로 그의 눈앞에 새로 펼쳐진 시각 대상들을 전혀 분별할 수 없는 이들이다. 바로 이어서 그 자리에 초대받지 못한 디드로가 직접 질문하기 위해 찾은 퓌조의 맹인이 등장한다. 그는 체셀든의 맹인 및 시모노의 선천적 맹인 딸과는 달리 양식을 갖추고, 어느 정도 학식을 익혔고, 추론할 능력도 갖추고 있으므로 자신에게 결여된 감각을 섬세한 촉각을 이용해 상당히 근사近似한 방식으로 보충할 수 있었다. 그렇지만 맹인이 한 번도 경험해 보지 못하고 오직 타인의 설명만을 듣고 머릿속에서 재구성한 아름다움, 거울, 눈과 관련된 추론은 놀라워 보이기는 해도, 그가 남들보다 뛰어나게 갖게 된 다른 감각으로 그에게 결여된 감각이 완전히 보충될 수 없으며, 설령 그가 촉각을 통해 시각적 대상을 추론한들, 그 역시 자신의 추론이 의심의 여지 없이 정확한 것인지 확신할 수 없다.

세 번째로 디드로는 여러 형이상학자들, 특히 관념론자들의 추론을 정리하면서 그들의 철학을 "맹인들의 철학"으로 명명한다. 그들은 퓌조의 맹인보다 훨씬 더 정교한 추론의 능력을 갖추었지만 "자기 존재 방식과 자기 내부에서 계속 이어지는 감각 작용만을 의식하고 다른 것은 인정하지 않"(78쪽)으므로, 자기 외부에 감각 작용의 원인이 된 대상이 존재하는지의 여부에 관심을 두지 않고, 이를 인정하려 들지 않는 이들이다. 그러므로 그들은 자신이 누리게 된 새로운 감각을 사용하여 대상을 명명할 수는 있지만, 그 대상의 명명이 확실한 것인지는 스스로 의심하게 된다. 마지막은 디드로가 저작의 상당 부분을 할애하여 천재성을 부각하고 있는 영국 맹인 기하학자 손더슨의 경우이다. 그는 비록 신체적인 결함 때문에 도형을 눈으로 보고 구분할 수는 없었지만, 기하학의 원리로 무장했으므로 자신의 추론이 정확하다는 점을 확신할 수 있었다. 이것이 디드로가 『맹인에 대한 편지』에 손더슨을 등장시켜야 했던 이유이다.

글라우저에 따르면 디드로는 감각 간의 이질성과 환원 불가능성을 확인할 목적이었던 몰리뉴와 로크의 문제의식을 생리학적, 형이상학적, 방법론적 문제로 "의도적으로 확장"[133]하고 있다. 체셀든의 맹인의 문제를 재구성하면서 라메트리와 콩디야크가 제시한 생리학적 문제를 도입하는 디드로는 유물론과 감각론이 공유하고 있는, 감각이 우리 지식의 근원임을 재확인하는 동시에, 이 문제를 해결하기 위해서는 데카르트 시각 작용 이론의 유물론적 측면을 놓쳐서는 안 된다고 주장한다. 동시에 이 문제는 결여되었거나 완전히 작동하지 않는 감각기관이 외부 대상의 지각과 인식을 방해하는 것은 사실이지만, 이것이 비단 생리학적 문제로 환원될 수 없는 것이, 지각 주체의 추론과 지성의 작용의 능력에 따라 무한히 다양한 방식으로 해결될 수 있다는 점에서 몰리뉴의 문제가 애초에 전제하고 있는 양자택일의 결론으로 귀결될 수 없기 때문이다. 만일 이 문제를 논의하는 형이상학자들이 몰리뉴와 로크가 제시하고 답변한 문제에 동의하거나 거부하는 식으로 논쟁한다면, 그들은 인간 지식의 획득

· ·

133. art. cit., p. 400.

과정을 그저 단순한 방식으로 환원하는 데 그치고 말 것이다. 디드로가 버클리와 콩디야크의 답변을 두고 두 사람 모두 외부 대상의 존재 자체를 무시하는 "맹인들의 철학"의 위험에 빠졌다고 비판하는 것이 그 이유이다.

맹인에 대한 편지

초판 1쇄 발행 | 2024년 03월 20일

지은이 드니 디드로
옮긴이 이충훈
펴낸이 조기조
펴낸곳 도서출판 b

등 록 2003년 2월 24일 제2023-000100호
주 소 08504 서울특별시 금천구 가산디지털2로 169-23 가산모비우스타워 1501-2호
전 화 02-6293-7070(대) | 팩스 02-6293-8080
누리집 b-book.co.kr | 전자우편 bbooks@naver.com

ISBN 979-11-92986-20-3 03160
값 14,000원